J新書 06

クイズと例文でスッキリわかる！

まぎらわしい 要注意 英単語

ミニ辞典

牧野 高吉
MAKINO Taka-Yoshi

Jリサーチ出版

はじめに

　長年にわたって英語を学習しながら、「意味が似ている、まぎらわしい英単語」の「使い分け」に苦労した方は多いのではないでしょうか？ 複数の英単語の意味が似ている場合、そのまぎらわしさは「間違いやすさ」にもつながります。たとえば外国人と英語で会話をしていて、come を使うべき時に go を使うと、「通じるけれど、不適切で不自然」なために、相手に一瞬奇異な印象を与えてしまうかもしれません。これらの「要注意英単語」をうまく使い分けられずに、相手に驚かれたり、怪訝(けげん)な顔をされたり、誤解された経験をお持ちの方も少なくないことでしょう。

　日本語では同じ音声の語が、英語では異なる複数の単語で表現される場合が少なくありません。したがって、学習者は、これらの英単語の意味の違いを理解し、さらには使い分ける必要があります。その際に、似ている複数の英単語が、個別にではなく 1 箇所にまとめて比較してあれば、学習に大いに役立ちます。

　たとえば、日本語の「見る」を表す英語には see ／ look (at) ／ watch の 3 つがありますが、これらの単語はどのように異なるのでしょうか？「話す」の speak ／ talk ／ tell ／ say は？ また、「趣味」の hobby ／ pastime ／ interest は？ これらの「まぎらわしい要注意英単語」には枚挙に暇(いとま)がありません。ここに挙げた英単語はいずれも、中学・高校で学習したものばかりですが、厳密な意味や用法の違いを明確に理解して使い分けることは、語学力のレベルに関わらず意外に難しいものです。

本書は、皆さんが「まぎらわしい英単語」を正しく「使い分け」できるように、工夫を凝らしました。まずはクイズで力試しをしていただきます。次に各単語の違いを用例で示しながら解説し、「違いを覚える」ために各単語の特徴をふまえた定義を示しました。さらに、まぎらわしくはなくても、見出し語と意味の上で関連するものは【関連表現】として例文を挙げ、幅広いシチュエーションで応用できるようにしました。本書の「要注意英単語」はどれもやさしい基本単語ばかりで、どの用例・例文も、日常の英会話で使われている自然なものです。

　本書が皆さんにとって、「まぎらわしい"要注意"英単語」を正しく使い分ける一助となり、「痒いところに手が届く」1冊となることを願っています。さらに、本書によって英会話そのものに自信がつき、多くの人々と積極的に英語でコミュニケーションをとる潤滑油となることを期待しています。

　最後になりましたが、Matthew Wardell と Jesse Ryan Mclaughlin Yoakim の両氏には、本書に挙げた英文すべてに目を通していただき、ネイティブ・スピーカーが日常使用している、ごく自然な表現にしていただきました。また、「気軽に読んで語学を身につける」をテーマに創刊されたJリサーチ出版の「J新書」シリーズに、本書を加えていただけたことは、大きな喜びです。これらの方々のご厚意に対し、深く感謝申し上げます。

牧野　髙吉

本書の利用法

❓ Try it out! ❔

まずはクイズで力試し。問題文に最も合う語句を、（　）内からひとつ選んでみましょう。

違いを知ろう！

まぎらわしい単語の、特徴・比較・用法・例などをわかりやすく解説しています。細かいニュアンスの違いや使い分け方を、しっかり把握しましょう。

違いを覚えよう！

各単語の、特徴をふまえた定義を載せています。これさえ覚えておけば、単語の選び方がずっと簡単・確実になります。

▶ 関連表現

クイズで扱う単語以外にも、日本語・英語の見出し語に関連する表現・例文・用例を載せています。

▶ コラム ◀

語句の文化的背景、日本語と英語の概念の違い、おもしろエピソード、英語のことわざなど、読んで役に立つコラムを載せています。

●クイズの正解は右ページ最下部にあります。問題により（　）内に入る正解は１つではないことがあります。その場合は「最も合う語句」に◎を、「不適切ではない語句」に○を付けて優先順位を示しています。

　　例：◎ choose, ○ select

●用例中の（　）内の語句は省略が可能なことを意味し、[ ] 内の語句はその直前の語句との置き換えが可能である（置き替えても意味が変わらない）ことを意味します。

　　例：See you (later).
　　　　What a surprise to see [meet] you here!

●付属の CD には、クイズの正解を入れた例文が収録されています。目と耳で用法を覚えましょう。

目次

Part 1 動詞編 ……… 11

01	会う	see / meet	12
02	合う	agree with / go (well) with / fit / suit	14
03	集める	collect / gather / raise	16
04	案内する	show / direct / guide / lead	18
05	行く・来る	go / come / get (to)	20
06	受け取る・受け入れる	receive / accept / take	22
07	打つ	hit / strike / beat	24
08	選ぶ	choose / select / pick out	26
09	得る・取る	take / get	28
10	送る	send / ship	30
11	起こる	happen / occur / take place / break out	32
12	教える	teach / instruct / tell / show	34
13	落ちる	fall / drop	36
14	思い出す	remember / recall	38
15	思う	think / guess / suppose	40
16	終わる	end / finish / *be* over	42
17	貸す	lend / rent	44
18	借りる	borrow / rent / use	46
19	変わる	change / alter / vary	48
20	聞く・聴く	hear / listen (to)	50

21	期待する・予期する・予測する	expect / anticipate … 52
22	決める	decide / determine … 54
23	許可する	allow / permit … 56
24	禁じる	forbid / prohibit / ban … 58
25	壊す	break / destroy / damage / ruin … 60
26	叫ぶ	shout / cry out / scream / yell (at) … 62
27	修理する	repair / mend … 64
28	信じる	believe / believe in / trust … 66
29	助ける	help / save / assist / aid … 68
30	作る	produce / create / make … 70
31	願う	hope / wish / desire … 72
32	始まる	start / begin / open … 74
33	話す	speak / talk / tell / say … 76
34	震える	shake / shiver / tremble / vibrate … 78
35	学ぶ	study / learn … 80
36	見る	see / look (at) / watch … 82
37	持つ	own / possess / hold / have … 84
38	持って来る・持って行く	bring / take / fetch … 86
39	破る	break / tear / beat / violate … 88
40	やめる	stop / quit / give up … 90
41	辞める	retire / resign / quit … 92
42	要求する	claim / demand / require … 94
43	料理する	cook / make … 96

Part 2 形容詞・名詞編 ……………………… 99

01	空いて	empty / vacant / free ……………………100
02	足・脚	foot / leg ………………………………102
03	危ない	dangerous / hazardous / risky …………104
04	誤り・過ち	error / mistake ………………………106
05	薄い	thin / weak / light …………………108
06	嬉しい	happy / glad …………………………110
07	美味しい	delicious / tasty ……………………112
08	大きい	big / large …………………………114
09	面白い	interesting / funny …………………116
10	会社	company / office / firm ……………118
11	賢い	clever / smart / wise ………………120
12	汚い	dirty / messy / filthy ……………122
13	厳しい	strict / severe / stern ……………124
14	客	guest / customer / visitor / client ………126
15	給料	salary / wages / pay ………………128
16	濃い	thick / strong / dense ……………130
17	才能・能力	ability / capacity / talent / faculty ………132
18	仕事	work / job / task / labor …………134
19	静かな	quiet / still / silent / calm ………136
20	習慣・慣習	habit / custom / convention ………138
21	趣味	hobby / pastime / interest …………140
22	職業	job / career / profession …………142

23	高い	high / tall	144
24	確かな	sure / certain / definite	146
25	正しい	right / correct / accurate	148
26	小さい	little / small / tiny	150
27	中心	center / middle / heart	152
28	トイレ	bathroom / rest room	154
29	道具	tool / instrument / appliance	156
30	恥ずかしい	*be* ashamed / *be* embarrassed	158
31	速い	fast / quick / rapid	160
32	低い	low / short	162
33	広い	wide / broad / large	164
34	太った	fat / plump / overweight	166
35	変な	strange / odd / weird	168
36	間違った	wrong / incorrect / false	170
37	役に立つ	useful / helpful / handy	172
38	安い	cheap / inexpensive / low	174
39	痩せた	thin / slim / slender / skinny	176
40	有名な	famous / notorious / well-known	178
41	料金	fee / charge / fare / rate	180
42	旅行・旅	travel / trip / journey	182
43	練習・訓練	practice / exercise / drill / training	184

INDEX ... 186

ウォームアップ①
「飲む」にもいろいろ

本書は「意味が似ている英単語」の使い分けを伝授しますが、私たちが英単語の選び方で迷う原因のひとつには、「日本語と英語が必ずしも一対一の対応をするとは限らない」ということもあります。ここではそんな例をひとつ。

私たちは普段、水やビールなどには「飲む」という動詞を使います。「飲む」は英語でdrinkと中学校で習いますね。では「スープを飲む」はどうでしょうか？ 英語では、具の入っているスープは一般に「食べ物」と考えられ、drink ではなく eat soup と表現します。英語の drink は「口から体内に入れる対象」が「液体」に限られます。したがって、具の入っていないコンソメ・スープやカップに直接口を付けて飲むコーヒーには drink が使われます。ソバのつゆも drink ですが、濃いスープ（ポタージュなど）には eat が使われます。でも日本語の「飲む」は、「口から入れた物を噛まずに体内に送りこむ」ことを指し、対象は液体とは限りません。では、「薬を飲む」はどうでしょうか? take を使って take medicine と言います。ただし、液体の飲み薬にはやはり drink を使います。このように、日本語では「飲む」1 語ですむところが、英語では対象（物）によって異なる動詞が使われます。この点が、英語学習の難しいところであり、また面白いところでもありますね。

Part 1
動詞編

会う

| see | meet |

? Try it out! 文に最も合うのはどれ？

Q 1. I haven't (seen / met) my parents for [in] a long time.
両親には長い間会っていません。

Q 2. Let's (see / meet) at noon tomorrow at the usual place.
明日の正午に、いつもの場所で会いましょう。

違いを知ろう！

● see と meet はどう異なるのでしょうか？ see は基本的に、「人と会って言葉を交わす」ことを意味します。「しばらくお会いしませんでしたね」「久しぶりですね」は I haven't seen you for [in] a long time. です。親しい間柄では Long time no see. とくだけた表現も使われます。この see は、see a doctor「医者に診てもらう」、see a patient「病人を見舞う」、see a lawyer「弁護士に相談する」、see a boy / girl「(異性と) 付き合う」などとも使われます。ちなみに、「別れの挨拶」には、See you (later). / See you around.「それじゃ」とか I'll be seeing you (later / soon).「また後で / また近いうちに」があります。また、初対面の人と別れる時は、(It's [It's been]) nice meeting you.「お会いできて光栄でした」と表現されます。

● **meet** は、「挨拶をして知り合いになる」時のほか、「日時を決めて人に会う」時に使われます。初対面の人に「お会いできて嬉しいです」は、Nice to meet you. で、Nice to see you. ではありませ

ん。一方、知り合いと再会して、「また会えて光栄です」のつもりで、Nice to meet you again. と言うと、ネイティブ・スピーカーには奇異に響きます。この場合、Nice to see you again. が適切です。また、「今日の午後、空港へ上司を迎えに行くことになっています」は、上司と約束をして会うことですから、meet を使って I'm supposed to meet my boss at the airport this afternoon. と表現します。「この次はどこでお会いしましょうか？」と人と会う約束をする時も、Where should we meet next time? で、see は使われません。ただし、What a surprise to see [meet] you here!「こんなところでお会いするなんて」のように、see と meet は交換可能な場合も少なくありません。ですが、複数の人が会う時には meet が用いられます。

違いを覚えよう！

□ **see** ➡ 人と会って話をする
□ **meet** ➡ 挨拶をして知り合いにある；日時を決めて人に会う

会うの関連表現

▶ I enjoyed myself today. Let's get together again sometime soon.
▶ 今日は楽しかったよ。近いうちにまた会おうよ。

▶ I ran into [bumped into] my high school English teacher on the train yesterday.
▶ 昨日、電車の中で高校時代の英語の先生にばったり会ったよ。

▶ I have an appointment with Professor Brown at ten tomorrow.
▶ 明日 10 時にブラウン教授に会う約束があります。

正解：1. seen 2. meet

合う

agree with | **go (well) with** | **fit** | **suit**

? Try it out! 文に最も合うのはどれ？

Q 1. The climate in this area (agrees with / goes (well) with / fits / suits) my personality.
この地方の気候は私の気質にぴったり合っています。

Q 2. Does (the size of) this coat (agree with / go (well) with / fit / suit) me?
このコート（のサイズ）は、私に合いますか？

Q 3. Alcoholic drinks don't (agree with / go (well) with / fit / suit) me.
アルコールは体質に合わないんです。

Q 4. Will this tie (agree with / go (well) with / fit / suit) my jacket?
このネクタイは僕のジャケットに合うでしょうか？

違いを知ろう！

● **agree with** は「人と意見が合う」「気候・風土・食べ物が（体に）合う」「体質・性に合う」という意味です。「彼と私はめったに意見が合わない」は He and I seldom agree with each other. です。

● また、**go (well) with** は、「色・柄などが合う」「〜と調和する」という意味です。Red wine goes (well) with meat.「赤ワインはお肉と合いますね」などとも使われます。

● go (well) with とほぼ同じ意味では **match** もあります。match は、ドレスのサイズなどには使われますが、ふつう「食べ物」には使われません。

● **fit** は「(物理的に) サイズや型がピッタリと合う」「合致する」という意味です。身体の線を強調した衣服「ボディコンの服」は tight-fitting dress と表現しますので、fit の意味が理解できると思います。The jacket is too big. It doesn't fit me.「この上着は大きすぎて、僕には合わないよ」などと使われます。

● また、**suit** は、「(主観を伴って) 好み・趣味に合う」「(衣類などの) デザイン・色・ヘアスタイルなどが似合う」という意味です。I hope this Japanese food will suit you.「この日本食がお口に合うといいのですが」のように使われます。

違いを覚えよう!

☐ **agree with** ➡ 意見などが合う；性(しょう)に合う；気候・風土・食べ物などが(体質的に)合う
☐ **go (well) with** ➡ 色・柄などが合う；〜と調和する、マッチする
☐ **fit** ➡ (物理的に) サイズ・型がピッタリ合う；合致する
☐ **suit** ➡ (主観を伴って) 好み・趣味に合う；デザイン・色などが似合う

合うの関連表現

▶ Is your watch right [correct]?
▶ 君の時計、合ってる?

▶ I don't get along well with him for some reason.
▶ なぜか彼とはそりが合わないんだよ。

▶ This key doesn't work. [This key won't go in the lock.]
▶ このカギ(は錠に)、合わないよ。

正解：1. suits 2. fit 3. agree with 4. go (well) with

03 集める

collect　gather　raise

❓ Try it out! ❓　文に最も合うのはどれ？

Q1. (Collect / Gather / Raise) your things and stand in that line.
自分の持ち物を集めて（→まとめて）、あの列に並んでください。

Q2. They have to (collect / gather / raise) money for their new project.
彼らは新しい事業の資金を集めなければならない。

Q3. When we were children, we (collected / gathered / raised) empty bottles to buy a piano.
子どものころ、ピアノを買うために空きビンを集めたものだよ。

違いを知ろう！

● 「集める」を意味する collect は、「人や物を計画的・組織的に選んで集める」「特定の目的をもって同種の物を選り分けながら集める」ことです。切手や骨董品を収集する時などに使われます。したがって、「彼の趣味の1つは珍しい蝶を集めることです。」は One of his hobbies is collecting strange butterflies. と表現します。この collect には、「集めたものを整理・保管する」というニュアンスが含まれています。また、この語には、「（税金や新聞代金・電気料金などを）徴収する」という意味もあります。

● gather は「散在している人や物を寄せ集める」「（あちこちから）かき集める」ことです。目的をもって集める場合と手当たり次

第に集める場合の両方に使われます。The boy gathered his toys together in one area before he went out.「その男の子は外出する前にオモチャを1箇所にかき集めた」などと言います。このgatherは、「集めるという行為」に焦点が当てられます。

●また、「集める」にはraiseもあります。「人や団体が(ある目的のために)資金・署名・人を集める」「資金を調達・工面する」という意味です。

違いを覚えよう！

□ collect ➡ 同種の人や物を計画的・組織的に選んで集める(★「集めたものを整理・保管する」というニュアンスが含まれる)
□ gather ➡ 散在している人や物を1箇所に寄せ集める(★「集めるという行為」に焦点が当てられる)
□ raise ➡ 人や団体が(ある目的のために)資金・署名・人を集める

集めるの関連表現

▶ The affair attracted [drew] public attention in those days.
▶ その事件は当時、人々の関心を集めた。

▶ The mysterious murder captured the attention of media.
▶ その謎の殺人事件はマスコミの注目を集めた。

▶ Why don't you get more people (together)?
▶ どうしてもっと人を集めないんだ？

▶ The gospel singer was very popular in those days.
▶ そのゴスペル歌手は当時、とても人気を集めていた。

正解：1. Gather　2. raise　3. collected

04 案内する

show　direct　guide　lead

? Try it out! 文に最も合うのはどれ？

Q 1. Meg, please (show / direct / guide / lead) our guest to the guest room.
メグ、お客さんを応接間にご案内して。

Q 2. The schoolchildren were (shown / directed / guided / led) across the road to the school's entrance.
児童たちは手を引かれて校門への道を渡った。

Q 3. Could you (show / direct / guide / lead) me to the post office?
郵便局までの道順を（案内して→）教えてくれませんか？

Q 4. The jungle is very thick here, so we need to be (shown / directed / guided / led) through by a local.
そのジャングルはとても茂っているので、地元の人に案内してもらう必要がある。

違いを知ろう！

● **show** は、人に方向・道順などを示しながら、目的地までその人を連れて行くことです。「客室乗務員は座席へ案内してくれた」は The flight attendant showed me to my seat.、（ホテルのベルボーイが）「お部屋へご案内します」は I will show you to your room. です。
●一方、**direct** は「道順や方向などを言葉で説明する」という意味で

す。離れたところから言葉を使って人に場所や方向などを教えることで、具体的に、地図を広げたり、手や指を使って道順を示したりする行為も含まれます。この語には、show や guide と異なり、案内しながら同行する行為は含まれません。

● guide は、事情に詳しい人が同行して案内することです。つまり、特に旅行者などに景色や歴史を説明・解説しながら案内したり、盲人など助けを必要とする人を案内したりすることです。Is there anyone who can guide us at this museum?「この博物館の中を案内してくれる人はいますか?」などと使われます。

●また、lead は「一緒に、または先に立って案内する」「導く」という意味です。ただし、この語に「(ある地域を)あちこち案内する」という意味はありません。

違いを覚えよう！

- [ ] **show** ➡ 席・部屋など目的地へ人を連れて行く
- [ ] **direct** ➡ 道順や方向などを言葉で説明する
- [ ] **guide** ➡ 旅行者などに景色・歴史を説明・解説しながら案内する、盲人など助けを必要とする人を案内する
- [ ] **lead** ➡ 一緒に、または先に立って案内する

案内するの関連表現

▶ Let me give you a tour in [around] the factory.
▶ 私が工場をご案内します。

▶ Could you take me to the ABC Hotel?
▶ ABC ホテルまで連れて行って(→案内して)くれませんか?

▶ Would you follow me, please?
▶ お席にご案内いたします。(★レストランにて)

▶ Attention, please. / May I have your attention, please?
▶ ご案内申し上げます。

正解：1. show　2. led　3. direct　4. guided

05 行く・来る

go　come　get (to)

? Try it out! ? 文に最も合うのはどれ？

Q1. I'll (go / come / get) over (to) see you next week.
来週、（君の所へ）遊びに行くよ。

Q2. Could you tell me how to (go / come / get) to the railway station?
駅へ行く道（→行き方）を教えていただけませんか？

Q3. They say Mr. Uemura (goes / comes / gets) to Hawaii every summer.
上村さんは毎年夏にハワイへ行くそうです。

違いを知ろう！

● **go** は「自分がいる場所から離れて他の所へ行く」ことを意味し、視点や方向に関わりなく、出発の起点に重きが置かれます。I'm going to Sapporo this weekend.「今週末、札幌へ行きます」などと使われます。

● 一方、**come** は「来る」という意味の延長で、（相手・対象の視点に立って）「相手がいる方向へ話し手が近づいて行く」「話し手が今から行こうとしている場所へ行く」ことで、到達点に重きが置かれます。たとえば、I'm coming to Sapporo this weekend. と言うと、話し手が札幌以外の場所にいて、札幌にいる相手に電話やEメールで、「今週末、札幌へ行きます」と伝える表現です。"Masashi, dinner's ready."「マ

サシ、夕食の用意ができたよ」に対する返事は、"I'm coming soon." 「すぐ行きます」となります。相手（母親）の視点に立つと「マサシが母親の方向へ"来る"」ので、come が使われるわけですね。この場合、go を使うと、「相手から遠ざかる」、つまり「出かける」という意味になり、母親は夕食を片づけてしまわないとも限りません。

●ところが、Are you going / coming to the Christmas party? のように、状況によっては go と come との両方が使われることもあります。この going は、単にそのパーティーに出席する意思があるか否かを尋ねる時に使われます。coming は通常、そのパーティーが話し手の家で行われることを前提にして使われます。話し手の家ではなくとも、話し手が主催するパーティーへ行く場合にも、「あなたも行きますか？」という意味で coming が使われます。

● **get (to)** は、もともと「着く」「到着する」という意味ですが、ある地点から他の地点へ至る道筋、プロセス、さらには努力の結果に重きが置かれます。get の後に場所を表す副詞を置く場合には、to は不要です。また、**be** にも「ある場所に到達して留まる」という意味があります。「明日５時にここへ来てください」は、Please be here at five tomorrow. です。

違いを覚えよう！

- **go** ➡ 出発の起点に重きが置かれる
- **come** ➡ 到達点に重きが置かれる
- **get (to)** ➡ 到達までのプロセスに重きが置かれる

行くの関連表現

▶ Mr. Smith does everything his own way.
▶ スミスさんは何事もわが道を行く人だね。

正解：1. come 2. get 3. goes

受け取る・受け入れる

receive | **accept** | **take**

? Try it out! ? 文に最も合うのはどれ？

Q1. I (received / accepted / took) a Christmas present from my friend in Canada.
カナダにいる友達からクリスマス・プレゼントを受け取ったよ。

Q2. Do you know how he (received / accepted / took) the news?
彼がその知らせをどのように受け取ったかご存知ですか？

Q3. I was happy to see she (received / accepted / took) my invitation with great pleasure.
彼女が喜んで僕の招待を受けたのを見て、嬉しかった。

違いを知ろう！

●「受け取る」に相当する英語は、受け取る対象や行為によって異なります。receive は「送付物などを（機械的に）受け取る」、つまり「物理的に受け取る行為」を表します。receive とほぼ同じ意味の口語表現には get もあります。この語は、人の場合は「仲間として受け入れる」、物の場合は「受け取って自分のものにする」ことを意味します。
●これに対して、accept は「申し入れ・提案・招待などを受け入れる・受諾する」「受理する」という意味です。receive とは異なり、「納得して・同意して・喜んで受け入れる」ことです。したがって、「贈り物を受け取る」には、accept は不適切です。ただし、「医師の中には患者から金品を受け取る者もいます」は Some doctors accept either

some money or gifts from their patients. と表現されます。なぜならば、この場合、医師は同意・納得して受け取るので、receive ではなく accept になるわけです。

●また、**take** は一般に、「賃金や代金を受け取る」「忠告を受け入れる」ことを意味します。お店で、「ここではクレジット・カードを受け入れ（→使え）ますか？」は Do you take credit cards here? と表現します。

違いを覚えよう！

☐ receive ➡ 手紙・贈り物などを物理的に受け取る（★「受け取る行為」に重きが置かれる）
☐ accept ➡ 同意・納得して受け取る；受諾する；受理する
☐ take ➡ 賃金などを受け取る、忠告を受け入れる

受け取る・受け入れるの関連表現

▶ Try to catch the ball with both hands, not one.
▶ ボールは片手でなく、両手で受け取るようにしなさい。

▶ My wife and I were invited to the party this weekend.
▶ 今週末のパーティーに、妻と2人で招待を受けました。

▶ My main job is to answer the phone.
▶ 私の主な仕事は電話を受けることです。

▶ Mr. Miller's jokes don't go over well with his students.
▶ ミラー先生のジョークは学生に受けないね。

▶ I have [I've got] a job interview next week.
▶ 来週、就職の面接を受けます。

▶ We are supposed to have a medical checkup once a year.
▶ 私たちは、1年に1度、健康診断を受けることになっています。

▶ The whole state was badly damaged by the hurricane.
▶ そのハリケーンで、州全体が大きな被害を受けた。

正解：1. received　2. took　3. accepted

打つ

hit　strike　beat

? Try it out! ? 文に最も合うのはどれ？

Q 1. The boys (hit / struck / beat) the snake to death.
少年たちはそのヘビを打ち殺した。

Q 2. The player (hit / struck / beat) twenty-five home runs this year.
その選手は今年、ホームランを 25 本打った。

Q 3. The clock has just (hit / struck / beaten) five.
時計がちょうど 5 時を打ったところだ。

違いを知ろう！

● 「打つ」というと、すぐに hit と strike を思い浮かべると思いますが、その違いは？ hit は、狙いを定めて、手や道具で 1 回打つことです。「狙いを定めて打つ」「的に当てる」ことを意味します。他方、strike は物理的に比較的強い打撃を与えることで、「比較的強く打つ」「一撃を加える」という意味です。

● strike は、hit よりも打つ度合いが強く、かつ公式文書などで使われることが多い語です。「鉄は熱いうちに打て」という諺の英語は、Strike while the iron is hot. ですね。この場合、鉄を「強く打つ」ので strike が使われ、「的に当てる」を意味する hit ではありません。また、strike には「マッチを擦る」「時計が時報を打つ」のほか、「(心に) 考えが浮かぶ」という意味もあります。

●ところが、同じ「打つ」でも、hit や strike と明確に異なる語に、**beat** があります。前者の２語がいずれも１回打つのに対して、beat は手や棒切れなどで「意図的に何回も連続して打つ」ことです。「(楽器の）ドラムをたたく」は beat the drum と表現します。ちなみに、料理で卵を勢いよくかき混ぜて「卵を溶く」は、beat the eggs と言います。

違いを覚えよう！

- **hit** ➡ 狙いを定めて手や道具で１回打つ；的に当てる
- **strike** ➡ 比較的強く打つ；一撃を加える
- **beat** ➡ 何度も連続して打つ

打つの関連表現

▶ I sent him my congratulations by wire yesterday.
▶ 昨日、彼に祝電を打ちました。

▶ The nurse gave my father an insulin injection.
▶ 看護師は父にインシュリンの注射を打った。

▶ We were moved by her *enka* songs at her concert last week.
▶ 先週の彼女のコンサートで、彼女の演歌は我われの胸を打った。(★ move =「人の心を動かす」「感動させる」)

▶ They say my uncle used to gamble when he was young.
▶ 叔父は若いころよく博打(ばくち)を打ったそうだ。

▶ There is nothing we can do about this.
▶ この件に関して打つ手はないよ。

正解：1. beat　2. hit　3. struck

選ぶ

choose　select　pick out

? Try it out! 文に最も合うのはどれ？

Q 1. To find the radio station we want, we have to carefully (choose / select / pick out) the right frequency.
聞きたいラジオ局を見つけるには、適切な周波数を慎重に選ばなければならないね。

Q 2. She was of two minds about which color to (choose / select / pick out).
彼女はどちらの色を選んだらいいか決めかねていた。

Q 3. It's not easy to (choose / select / pick out) a new dress, because there are so many kinds here.
新しい服を選ぶのは難しいわ。だって、この店にはこんなに種類があるんですもの。

違いを知ろう！

● **choose** は、2つ以上のものの中から条件や目的に合うものを主観的に選ぶことです。My sister chose teaching as her career.「妹は生涯の職業として教師の職を選んだ」などと使われます。

● また、**select** は、多くのものの中から比較・検討して最良のものを慎重に選ぶことです。choose や pick out が自分の好みに応じて主観的に選ぶのに対して、select は客観的に選ぶことを意味します。These movies have been carefully selected for children.「これらの映画は子どもたちのために入念に選ばれたものです」などと使わ

れます。

● これに対して、同じ「選ぶ」でも **pick out** は、choose や select よりもくだけた語で、「よく似たものの中から、気軽に主観的に選ぶ」という意味です。「彼は 250 人の応募者の中から選ばれた」は He was picked out of 250 applicants. です。この語は、熟考して選ぶ根拠がなく、ほぼ反射的に選ぶ「おみくじを引く」場合などにも使われます。

● 「選ぶ」には **elect** という語もありますが、これは他の 3 つの語とは異なり、「ある集団が特定の仕事をする役職の人や必要な物を選挙や投票で選ぶ」「選出する」という意味です。They elect a president every four years.「彼らは 4 年ごとに大統領を選びます」などと使われます。

違いを覚えよう！

□ **choose** ➡ 2 つ以上のものの中から、条件に合うものを主観的に選ぶ
□ **select** ➡ 多くのものの中から最適の物や条件に合う物を慎重に、かつ客観的に選ぶ
□ **pick out** ➡ よく似たものの中から、気軽に主観的に選ぶ

選ぶの関連表現

▶ She took philosophy as one of her general education subjects.
▶ 彼女は一般教養科目の 1 つとして哲学を選んだ。(★ take=「(授業などを) 履修する」)

▶ He uses any means to win.
▶ 彼は勝つためには手段を選ばない。

▶ This is the man of my choice.
▶ こちらが私が (結婚相手として) 選んだ男性 (→人) です。

正解：1. select 2. ◎ choose, ○ select 3. pick out

得る・取る

take | get

? Try it out! 文に最も合うのはどれ？

Q 1. Linda (took / got) the gold medal in women's figure skating.
リンダは女子フィギュアスケートで金メダルを取った。

Q 2. My son (took / got) 100,000 yen for the job last week.
先週、息子はその仕事で10万円（得た→）稼いだよ。

Q 3. How did you (take / get) this much money?
どうやってこんな大金を得たの？

違いを知ろう！

● 「得る・取る」を表す語には take と get がありますが、この2語の使い分けがわかりますか？ この2つはいずれも、「手に入れる」「所有になる」ことを意味しますが、使い分けはさほど簡単ではありません。**take** は「（自分の意思で）物を手に入れる」、つまり「積極的に得る」ことです。My sister took some of my chocolate and ate it.「妹が僕のチョコレートを取って食べた」などと使われます。この文の took を got に置き換えることは不可です。なぜならば、妹は自分の意思でチョコレートを取ったからです。

● 一方、**get** は①「無意識のうちに、自然に、偶発的に手に入る」場合と、②「努力して、積極的に手に入れる」場合との両方に使えます。前者は、「結果として自分の所有になる」ことを意味します。Where did you get the ticket for the concert?「そのコンサートのチケットをどこで手に入れたの？」などと使われます。この場合、get を take に置き換えることはできません。後者は、「努力した結果、あるいは積極的に働きかけた結果として最終的に手に入る」ことを意味します。Mary got the blue ribbon at the piano contest in Paris.「メアリーはパリのピアノ・コンテストで最高賞を取った」などと使われます。get はまた、「手に入れる」から発展して、相手の言動に対して、I don't get it.「理解できないよ」「意味不明だね」と使われることもあります。

違いを覚えよう！

□ **take** ➡ 自分の意思で手に入れる
□ **get** ➡ 無意識のうちに偶発的に手に入る；積極的に努力した結果として手に入る

得る・取るの関連表現

▶ My brother obtained his Ph.D. from that university.
▶ 兄はあの大学で博士号を取得したんです。

▶ I learned a lot of things by reading books.
▶ 本を読んで多くのことを得ました。

▶ Mr. Baker has earned a lot of money by working hard.
▶ ベイカーさんは懸命に働いて大金を得たんです。

▶ Did you win a lot of money by playing pachinko?
▶ パチンコで、お金をたくさん得た（→儲けた）の？（★この文の win を前の文の earn で置き換えることは不可）

正解：1. took 2. got 3. get

10 送る

send / ship

Try it out! 文に最も合うのはどれ？

Q1. Our factory (sends / ships) its products to foreign countries by air.
うちの工場では製品を航空機で外国へ送る。

Q2. How much (money) do your parents (send / ship) to you each month?
両親は毎月いくら送ってくれるのですか？

Q3. Did you (send / ship) a Christmas card to your friend in San Francisco?
サンフランシスコの友だちにクリスマス・カード送った？

違いを知ろう！

● **send** は、一般に「手紙・小包などを送る」という意味です。したがって、「駅まで私を（車で）送ってくれませんか？」を Will you send me to the railway station? とは言えません。「私」は物ではないからです。これは Will you take [drive] me to the railway station? と表現するのが適切です。また、この send は「ファックス・E メール・電報を送る」にも一般的に使われます。ただし send には、She sent her son a signal to stop doing that.「彼女は息子にそれをやめるよう合図を送った」のように、送る対象に形のない物が含まれることもあります。具体的に送る手段を表す時は、by airmail / sea [surface] mail / express mail / registered mail「航空便・船便・速達・書留で」などを付けます。また、My parents sent me a box of oranges by home delivery service.「両親がミカン 1 箱を宅配便で送ってくれた」などと、「宅急便」にも使われます。もちろん、「郵便で送る」には、1 語で mail（《英》post）という動詞もあります。

●一方、ship は「貨物や大型の荷物を送る」「輸送する」ことです。ship（船）という語にも関わらず、手段は船に限らず、トラック、列車、航空機などでの輸送を意味します。Have you shipped our order? We haven't received it yet.「製品は発送しましたか。まだこちらに到着していないのですが」とか、We will ship your order next Monday.「ご注文品は来週月曜日に発送いたします」などと使われます。ship は send と異なり、貨物の遠距離輸送を意味し、通常のハガキや手紙の郵送には使われません。

違いを覚えよう！

□ **send** ➡ 手紙・小包など小型の物を送る、電報・E メールなどを送る；合図を送る
□ **ship** ➡ 大型の荷物や貨物を遠くへ送る、輸送する

送るの関連表現

▶ We drive our children to school every day.
▶ 私たちは毎日、子どもたちを学校まで車で送ります。

▶ The manager moved the runner up to second (base).
▶ 監督は走者を二塁へ送った。

▶ I'll see you off halfway.
▶ 途中までお送りしましょう。（★ see ... off =「見送る」）

▶ It's getting dark. I'll take you home.
▶ 暗くなってきたので、家まで送ってあげよう。（★ take =「（送る本人が）一緒について行く」）

正解：1. ships　2. send　3. send

起こる

| happen | occur | take place | break out |

Try it out! 文に最も合うのはどれ？

Q1. Some types of cancer can (happen / occur / take place / break out) at any age.
ある種のガンは年齢に関係なく起こりえます。

Q2. Many wars may (happen / occur / take place / break out) even in the next century.
この次の世紀も、多くの戦争が起こるだろう。

Q3. The French Revolution (occurred / took place / broke out) in 1789.
フランス革命は1789年に起こった。

Q4. What (happened / occurred / took place) to your new laptop?
君の新しいノートパソコンはどうしたの（何が起こったの）？

違いを知ろう！

●ある物ごとが「起こる」を表す英語の代表は、happenとoccurです。まず、この違いを検討してみましょう。**happen**は「予期せぬことが偶然に起こる」ことを意味します。多くの場合、If anything happens to my grandma, please let me know right away.「おばあちゃんに何かあったら、すぐに知らせてね」のように、具体的な出

来事、あるいは what、anything、something などを主語にとり、後に「to ＋人」や「in ＋場所」などを続けます。
●これに対して **occur** は、happen より改まった語で、物ごとがある特定の時に発生することを意味します。したがって、通例、The system failure occurred just before noon.「そのシステム障害は正午直前に起こった」のように、具体的な日時や場所を表す語句とともに、または自然現象について使われます。この語は、どちらかと言うとネガティブなイメージを伴います。また、What has happened?「何が起こったの？」とは言えますが、What has occurred? とは言えません。なぜなら、happen は何が起こったかわからない時に使われ、occur は何が起こるかわかっている場合に使われるからです。
● **take place** は一般に、When will your college festival take place?「大学祭はいつ行われますか？」などと、「（会議や選挙、行事など）予め想定された通りに起こる・行われる」ことについて使われますが、偶発的に事件などが起こる・生じる場合にも使われます。
●また、**break out** は戦争・火災・暴動・ケンカ・伝染病などが突発的に起こる・勃発することを表す語句です。All the roads in this city were closed when rioting broke out.「暴動が起こった時、市内の道路がすべて封鎖された」などと使われます。

違いを覚えよう！

- **happen** ➡ 事件などが偶然に起こる
- **occur** ➡ 物ごとがある特定の日時に起こる
- **take place** ➡ 予定されたことが予定どおりに起こる・行われる
- **break out** ➡ 戦争・火災・伝染病などが突発的に起こる

起こるの関連表現

▶ The custom comes from Okinawa.
　その習慣は沖縄から起こったものです。

正解：1. occur　2. break out　3. took place　4. happened

12 教える

teach | **instruct** | **tell** | **show**

Try it out! 文に最も合うのはどれ？

Q1. Please (teach / instruct / tell / show) me the way to the ABC Hotel on this map.
この地図で、ＡＢＣホテルへの道を教えてください。

Q2. My father has been (teaching / instructing / telling / showing) English for thirty years.
父は30年間、英語を教えてきました。

Q3. The woman (taught / instructed / told / showed) me how to get to the train station in English.
その女性は駅へ行く道を英語で教えてくれた。

Q4. My uncle (taught / instructed / told / showed) me in self-defense skills.
叔父は私たちに護身術を教えてくれた。

違いを知ろう！

● 「教える」は teach だけではありません。**teach** は「（学校などで）学科・知識・技術を体系的に教える」ことのほかに、人生や物の考え方などを教えることにも使われます。

● これに対して、**instruct** は「特定分野の技能・技術・手順・方法を体系的に教える」ことで、teach よりも堅く、意味の狭い語です。

この語は、teach と異なり、手本を示して実技を教えることに重きが置かれます。The tax collector instructed us kindly how to fill in the tax return form.「その税務職員は納税申告書の書き方を親切に教えてくれた」などと使われます。

●日本語では同じ「教える」でも、少し観点の異なる語に tell と show があります。**tell** は道順や情報などを口頭で教える（→伝える・知らせる）ことに使われます。「言葉で教える・伝える」ことで、Could you tell me your phone number(, please)?「電話番号を教えていただけませんか？」などと使われます。

●また、**show** は「動作や道具を使って教える・示す」ことで、He showed me how to operate the new PC.「彼は、その新しいパソコンの使い方を実際にやって見せてくれた」などと使われます。また、show は、「地図を使って、あるいは指などで指し示して道順・方向などを教える」ことも意味し、Could you please show us where that town is located on this map?「この地図でその町の位置を示してくれませんか？」などと使われます。この tell や show の代わりに teach や instruct を使うことはできません。

違いを覚えよう！

□ **teach** ➡ 学科・知識や考え方などを教える
□ **instruct** ➡ 技能・技術・手順・方法を体系的に教える
□ **tell** ➡ 言葉を使って教える・口で伝える
□ **show** ➡ 動作や道具で教える・示す；地図を書いたり、案内したりする

教えるの関連表現

▶ Let me know when you go out.
▶ 出かける時は教えてね。

正解：1. show 2. teaching 3. told 4. instructed

落ちる

fall | drop

? Try it out! ? 文に最も合うのはどれ？

Q 1. Many colored leaves are (falling / dropping) from the trees.
多くの色づいた木の葉が舞い落ちている。

Q 2. Our team has (fallen / dropped) in the rankings to fifth place.
私たちのチームの順位は5位に落ちてしまった。

違いを知ろう！

● 「秋」のことを《米語》では fall というのはご存じですね。なぜでしょう？ そう、これは「木の葉が落ちる季節」が語源です。では、「落ちる」を意味する fall と drop はどう異なるのでしょうか？ **fall** は、「支えを失って、空気の抵抗を受けながら落ちる」ことで、落ちるプロセスに重点が置かれます。また、この fall は、「恋に落ちる」「眠りに落ちる」の意味でも使われます。They fell in love with each other on the day they first met.「彼らは初めて会った日に恋に落ちたんだよ」などと使われます。

● **drop** は重力の法則に忠実に従って「落ちる」ことです。つまり、「物体があまり空気の抵抗を感じさせずに急に落ちる・勢いよく落ちる」ことを意味する語です。したがって、「木の葉が舞い落ちる」を意味して Leaves drop from the trees. とは言えません。drop は急に落

下することで、木の葉などがひらひら落ちる様には使われないからです。この drop は、The beautiful dish dropped from her hands to the floor.「そのきれいな皿が彼女の手から床に落ちた」などと使われます。また、「程度・成績、数値が落ちる・下がる」の意味でも使われます。Oil prices have dropped in recent years.「近年、石油価格が下落している」などです。ただし、fall に「急激に」を表す sharply、quickly などの副詞を付けて、Oil prices have fallen sharply in recent years. とすることもできます。

違いを覚えよう！

- □ **fall** ➡ 物体が空気の抵抗を受けながら落ちる（★「恋・眠りに落ちる」の表現にも用いる）
- □ **drop** ➡ 人・物が高い位置から勢いよく落下する、急に落ちる；程度や数値が落ちる

落ちるの関連表現

▶ This shirt faded after washing.
▶ このシャツは洗濯したら色が落ちた。

▶ I don't know why the express train slowed down.
▶ 急行電車のスピードがなぜ落ちたのかわかりません。

▶ The 60-year-old woman failed [flunked] her driving test ten times.
▶ その 60 歳になる婦人は運転免許試験に 10 回も落ちたのよ。

▶ The stain won't come off.
▶ そのシミはなかなか落ちないよ。

▶ That pop singer's popularity has declined.
▶ あのポップ・シンガーの人気が落ちたね。

正解：1. falling　2. dropped

14 思い出す

remember　recall

? Try it out! 文に最も合うのはどれ？

Q1. I had a difficult time (**remembering** / **recalling**) the events of that day.
その日に起きた出来事を思い出すのは難しかった。

Q2. I (**remembered** / **recalled**) that I had seen the woman somewhere.
私はその女性にどこかで会ったことがあるのを思い出した。

違いを知ろう！

●「思い出す」を意味する remember と recall を混同されている方も少なくないかもしれません。これらの語は、思い出し方に違いがあります。remember は、「思い出す」の最も一般的な語ですが、普通、思い出そうとする努力の度合いが弱く、「過去の出来事が自然に心に浮かぶ」ことを意味します。I can remember the days of my college life in America.「今でもアメリカでの大学生活の日々を思い出します」などと使われます。ただし、この語は、時には、意識的に記憶を呼び覚まそうとする時に使われることもあります。

●一方、recall は「忘れたことを思い出そうと努力する」ことを意味します。多くの場合、remember との入れ替えも可ですが、remember よりもやや堅い語で、法廷などでよく使われます。recollect も remember よりも形式ばった語です。意味・用法は recall とほぼ同じですが、「精神を集中・努力して過去の出来事などを

思い出す」で、努力の度合いが一番強い語です。次の例では、recall [recollect] と remember の違いが明確ですので、もう1度使い分けを確認しましょう：She tried to recall [recollect] when she met him last, but just couldn't remember exactly.「彼女はこの前彼と会ったのはいつだったかを思い出そうとしたが、正確には思い出せなかった」。

●「(人や物が) 思い出される」という意味では、**remind** があります。remind は、「物・事・人が何かを思い起こさせる・気づかせる」という意味で、人以外のものを主語にすることが多い動詞です。This picture reminds me of the days of my college life in America.「この写真を見ると、アメリカでの大学生活を思い出すよ」などと使われます。

違いを覚えよう！

□ **remember** ➡ 覚えている；過去の出来事が自然に心に浮かぶ
□ **recall** ➡ 忘れたことを思い出そうと努力する

思い出すの関連表現

▶ I just can't think of his phone number.
▶ 彼の電話番号をどうしても思い出せない。(★ think of は口語的な語で、can や could とともに使われる)

▶ I was reminded of the old lady's kindness.
▶ その老婦人の親切を思い出した。(★ be reminded =「何らかのキッカケである事を思い出す」)

正解：1. recalling　2. remembered

15 思う

| think | guess | suppose |

❓ Try it out! 　文に最も合うのはどれ？

Q 1. I don't (think / guess / suppose) you know who's coming to dinner tonight.
今夜、誰が夕食に来るか君が知ってるとは思わないけど。

Q 2. What do you (think / guess / suppose) my son wants to be?
うちの息子、何になりたがっていると思う？

Q 3. (Think / Guess / Suppose) what? Nancy got engaged to Harry.
ねえ聞いて（どうなったと思う？）、ナンシーがハリーと婚約したのよ。

違いを知ろう！

● **think** は、「思う、考える」を意味する最も一般的な語です。断定を避け、控えめな感じを与えます。今後の計画や行動をどうするか、どちらを選択するか、問題に対する答えが何かを考えたり、ある事についてどうするかを考えたりする場合に使われます。Do you think (that) the man over there is Mr. Smith?「向こうにいる男性はスミスさんだと思いますか？」などと使われますが、多くの場合、think の後の接続詞 that は省略されます。

● **guess** は、日本語の「当て推量をする」に相当します。ある事を根拠なしに推量する、あるいはごく限られた根拠に基づいて推量する

ことを意味します。ある女性の年齢を聞かれて、皆目見当がつかない場合には、I guess her to be around 50.「彼女はだいたい50歳くらいだと思います」などと、guess を使って答えるのが一般的です。
●これに対して **suppose** は、たとえ頼りない事実でも、「主観的に何らかの根拠に基づいて思う・想像する」ことを意味します。したがって、主観的な根拠のある場合には、Do you suppose she'll come?「彼女は来ると思いますか？」などと suppose を使うのが適切です。また、You guessed right.「正解でしたよ」の guess を、推理の論拠が含まれる suppose と置き換えることは不可です。

違いを覚えよう！

☐ **think** ➡ 計画や行動、選択について思う・考える（★最も一般的な語）
☐ **guess** ➡ 当て推量をする、根拠なしに推量する
☐ **suppose** ➡ 主観的に何らかの根拠に基づいて思う

思うの関連表現

▶ Do what you believe is right.
▶ 君が正しいと思うことをやりなさい。（★believeは、単に「思う」から「自信をもって推量する」までを意味する）

▶ How do you think 〜？をどう思いますか？ ◀

「彼の（作曲した）音楽どう思いますか？」のつもりで、How do you think of his music? と how を使う方がいますが、ネイティブ・スピーカーはこのようには表現しません。音楽について「どう思うか・何を考えるか」と尋ねる時は、What do you think of his music? が適切な表現です。ただし、好き・嫌いなどを尋ねる時は how を使い、How do you like your steak?「ステーキはどのように焼きましょうか？」とか、How do you like samba?「サンバはどうですか（気に入りましたか）？」と表現します。

正解：1. suppose　2. think　3. Guess

16 終わる

end　finish　*be* over

? Try it out! ? 文に最も合うのはどれ？

Q 1. The experiment (**ended** / **finished** / **was over**) as a failure.
その実験は失敗に終わった。

Q 2. They say his relationship with that rich woman (**ended** / **finished** / **was over**).
彼のあの金持ちの女性との関係は終わったそうだよ。

Q 3. My son's school day (**ends** / **finishes** / **is over**) at 3 every day.
息子の学校は毎日3時に終わります。

違いを知ろう！

● end も finish も「終わる」を意味しますが、どのように異なるのでしょうか？ end は、「(一定期間、継続していた動作や活動・行為が)ある一時点で終わる」ことを意味します。たとえば、両面に録音されている英語のテープ教材などの片面の最後に、This is the end of Side A. と録音されています。ここでは、テープ全体の一部が終わったことに焦点が当てられています。また、「妹の結婚生活は10年で終わった」は My sister's marriage ended after ten years. で、継続していた結婚生活がある時点で終了したことに焦点が当てられています。このように、end は一部分の終わり、一時点での終わりを表します。

終わる

● 一方、**finish** は「(当初の予定や計画が) 完全に終わる・終了する」ことを意味します。物ごとや行為の完了に重きが置かれます。したがって、上のテープの例では、This is the finish of Side A. と言えません。Sally, when you finish doing the dishes, please vacuum the living room.「サリー、皿洗いが終わったら、リビングに掃除機かけてね」などと使われます。この finish を end で置き換えることはできません。

● また、*be* **over** は、季節・日・不景気・戦争などが完全に終わることです。そのことによって、「(形式的に終わっていないが) 実質的に終わって」いて、次に新しい状態・段階が始まることを暗示することもあります。完了後の状態に焦点が当てられます。It's over and done with.「もう、済んだことだ」(いつまでもくよくよするな) などと使われます。

違いを覚えよう！

- **end** ➡ 物ごと・行為の終了時点に焦点が当てられる
- **finish** ➡ 物ごと・行為の完了に焦点が当てられる
- ***be* over** ➡ 完了後の状態に焦点が当てられる

終わるの関連表現

▶ I'll get this work done this week.
▶ 今週中にこの仕事を終わらせます。

▶ All Tom's efforts were in vain.
▶ トムがやったことは結局ムダに終わった。

▶ I finally read through this book last night.
▶ 昨夜、ようやくこの本を読み終えたよ。

▶ The case remained unsolved.
▶ その事件は未解決のまま終わった。

正解：1. ended 2. ◎ was over, ○ ended 3. finishes

17 貸す

lend rent

? Try it out! ? 文に最も合うのはどれ？

Q1. My sister sometimes (lends / rents) me money.
姉は時々、お金を貸してくれます。

Q2. They (lend / rent) cars by the day.
彼らは日割りで車を貸している。

違いを知ろう！

●有料・無料にかかわらず、日本語では「貸す」1語で用が足りますが、英語では有料か無料かによって表現が異なります。lend は「移動できる物を一定期間、無料で貸す」という意味です。したがって、アパートや別荘などの移動できないものには使われません。「(固定)電話を貸してください」は Please lend me your telephone. ではありません。固定電話は移動できないので、一般に Please let me use your telephone. と use を使います。ただし、言葉が変化するのは世の常、最近では use を使うネイティブ・スピーカーも多くなりつつあります。《米》では動詞の loan も lend とほぼ同じ意味で用いられます。ただし、loan は一般に、鉛筆やボールペンなど小さく安い物を貸す場合には使われません。また、lend [loan] には「金銭を貸す」という意味もありますが、金銭を貸す場合には、利息を取ることも取らないこともあります。ただし、ネイティブ・スピーカーの中には、物を貸す場合に、loan を使うのを嫌う人もいます。

● rent (out) は、「物・車・不動産などを一定期間（比較的短期間）、

有料で貸す」という意味です。（アパートや家屋の場合は、申し出がない限り、契約が月ごとに自動更新されます。）したがって、レンタカー会社が車を貸すのは有料ですから、rent a car となります。「友だちや家族に車を貸す（もちろん、無料で）」は lend a car です。ただし、この rent という動詞は、有料の場合には、「貸す」の意味でも「借りる」の意味でも使われます。この混乱を避けるために、「貸(し出)す」場合、一般には out をつけて rent out と表現します。《英》では、rent (out) の代わりに、He hires out boats in summer.「彼は夏になるとボートを貸し（出し）ます」と、**hire (out)** が使われます。さらに、《英》では部屋・家屋を貸す場合には **let** も使われます。したがって、家屋や店舗に FOR RENT（《英》TO LET) という「張り紙」が出ていると、「貸家」「貸店舗」を意味します。また、広告では、House For Rent（《英》House To Let）が一般的です。

違いを覚えよう！

□ **lend** ➡ 移動できる物を無料で貸す
□ **rent** ➡ （家屋・不動産・車などを）有料で貸す

貸すの関連表現

▶ He has leased this building to me at two million yen per year.
▶ 彼はこのビルを1年につき200万円で貸してくれている。(★lease《英》は、建物・土地などを、契約して賃貸する場合に使われる)

▶ May I use your bathroom?
▶ ちょっとトイレを貸してもらえませんか？

▶ This box is very heavy. Can you give me a hand?
▶ この箱とっても重いので、手を貸してくれない？

▶ May I borrow some money?
▶ お金を貸してくれない？

正解：1. lends　2. rent

18 借りる

まぎらわしい！

| borrow | rent | use |

? Try it out! ? 文に最も合うのはどれ？

Q 1. Kate (borrowed / rented / used) three DVDs from a video shop last week.
ケイトは、先週、ビデオショップから DVD を 3 枚借りた。

Q 2. May I (borrow / rent / use) your bathroom?
ちょっとトイレをお借りできますか？

Q 3. Can I (borrow / rent / use) your English dictionary?
英語の辞典借りてもいい？

違いを知ろう！

●「借りる」は英語では、お金を払って借りる場合、移動できる物を借りる場合などで、使い分けが必要です。borrow は、移動できる物を無料で借りる場合に使われます You can borrow these books from the library for two weeks.「図書館から2週間本を借りられます」などと使われます。ただし、この borrow は、English has borrowed many words from other languages.「英語は他の言語から数多くの語を借用している」などと、目に見えないものを借りる（→借用する）場合にも使われます。

●また、rent は一定期間、お金（→使用料）を払って借りることを意味します。部屋、車、DVD など有料でレンタルできるものすべてにあてはまります。「友だちから5万円借りた」は、I borrowed 50,000

yen from my friend. が一般的ですが、rent はお金の貸し借りには使われません。They are renting the office for 500 dollars a month.「彼らは月500ドルで事務所を借りている」などと使われます。
● **use** は、「移動できない物を無料で借りる」ことを意味し、「ちょっと使わせてもらう」時に使われます。したがって、固定電話やトイレを借りる場合は、borrow ではなく、Can I use your phone / bathroom? と、use を使って表現します。ただし、携帯電話の場合は持ち運びができるので、Can I borrow your phone? で可です。ちなみに、携帯電話は cell(-ular) phone (《米口語》mobile phone) と言います。また、「(お金を) 借りている」「支払う義務がある」には、**owe** という語もあります。I owe Steve for lunch.「スティーブに昼食代を借りている」などと使われます。

違いを覚えよう！

- **borrow** ➡ 移動できる物を無料で借りる
- **rent** ➡ 賃貸料を払って借りる
- **use** ➡ 移動できない物を無料で借りる

借りるの関連表現

▶ John and I hired a limousine at the airport.
▶ ジョンと僕は飛行場でリムジンを借りた。(★ hire =「お金を払って一時的に借りる」)

▶ They chartered a bus to go to Lake Akan.
▶ 彼らは阿寒湖へ行くのに、バスを借り切った。(★ charter =「金を払って (バス・航空機などを) 借り切る」)

▶ We are leasing five computers from that company.
▶ 我われはあの会社からコンピュータを5台借りている。(★ lease =「賃借する」)

▶ The book I wanted was out.
▶ 借りたいと思っていた本は貸し出されていた。

正解：1. rented 2. use 3. ◎ borrow, ○ use

19 変わる

change alter vary

? Try it out! ? 文に最も合うのはどれ？

Q 1. Her personality has been radically (changed / altered / varied) since she got married.
彼女の性格は結婚してからすっかり変わってしまったね。

Q 2. The weather in these mountains (changes / alters / varies) from hour to hour.
これらの山々の天候は刻一刻変わります。

Q 3. You haven't (changed / altered / varied) at all since I last saw you.
この前会った時からちっとも変わってないね。

違いを知ろう！

● change は「変わる」を表す最も一般的な語ですが、物ごとが外観から内容まで本質的・全面的に変化することです。Things will change for the better next year. 「来年、事態はいいほうに変わるだろう」などと使われます。ちなみに、「彼、最近イメチェンしたね」は、He has recently changed his appearance. と表現します。

● alter は外観や内容の一部が手直しによって変わることで、主として家屋や部屋、洋服などが（リフォームなどで）変わる、生活様式が変わることを表します。つまり、マイナー・チェンジです。I have to alter my house one of these days. 「私は近いうちに家を改造しな

● **vary** は人や物の根幹部分は変化しないが、なにかの要因で外観や内容が部分的、かつ継続的に変わることを意味します。つまり、「(物・事・人が) 形・性質などの点で変化する」ことです。The consumption of electricity varies according to the weather.「電力の消費量は天候によって変わります」などと使われます。

● また、**modify** は、改善したり、より適切にするために部分的に変更、修正したりすることを意味します。That car was modified for racing last month. は「あの車は先月、レーシング用に改造された」です。

違いを覚えよう！

□ **change** ➡ 物ごとが本質的・全面的に変わる
□ **alter** ➡ 外観や内容の一部が手直しによって変わる；生活様式が変わる
□ **vary** ➡ 物ごとの根幹はそのままで、外観や内容が部分的に変わる

変わるの関連表現

▶ The wind shifted from north to west.
▶ 風向きが北から西へ変わった。

▶ The incident turned her love over to hate.
▶ その出来事で彼女の愛は憎しみに変わった。

▶ So many countries, so many customs.
▶《諺》所変われば、品変わる。

▶ I have moved to the following address.
▶ 次のように住所が変わりました。

▶ She has become a different person since she got married.
▶ 彼女は結婚してから人が変わったね。

正解：1. altered　2. ◎ varies, ○ changes　3. changed

20 聞く・聴く

hear　listen (to)

? Try it out! ? 文に最も合うのはどれ？

Q1. (Hear / **Listen**) carefully to what I say!
私の言うことをよく聴いてよ！

Q2. I (**heard** / listened to) someone shouting outside last night.
昨夜、外で誰かが叫んでいるのが聞こえた。

Q3. If you (**listen**) very hard, you can (**hear**) the strange sounds.
よく耳を澄まして聴くと、奇妙な音が聞こえますよ。

違いを知ろう！

●hear は「(自然に)耳に入る」「聞こえる」「耳で感知する」ことです。I've heard that that female student got married.「あの女子学生が結婚したと聞いたよ」などと使われます。

●これに対して、listen (to) は「意識的に聴く」「耳を傾ける」ことを意味します。I always listen to music on a commuter train.「私は通勤電車でいつも音楽を聴きます」などと使われます。hear は「自然に聞こえる」、listen は「意識的に注意して聴く」と覚えるとよいでしょう。

●ちなみに、学校での「聴き取りテスト／聴解テスト」のことを、「ヒアリング・テスト」と言う場合がありますが、これは厳密には

間違いです。なぜなら、hearing test は「聴力検査」のことで、「聴き取りテスト」のことではないからです。正しくは、listening (comprehension) test と言います。

違いを覚えよう！

□ **hear** ➡ 自然に聞こえる
□ **listen (to)** ➡ 耳を傾けて聴く

聞く・聴くの関連表現

▶ Can you do me a favor?
▶ ひとつ頼みを聞いてくれない？

▶ She won't accept anything you say.
▶ 彼女は君が何と言っても聞き入れないだろう。

▶ I'll do whatever you want me to.
▶ 君の頼み事なら何でも聞いてあげるよ。

▶ Who told you?
▶ (誰が言ったの？→) 誰から聞いたの？

▶ Her voice sounded familiar to me.
▶ 彼女の声には聞き覚えがあったよ。

▶ 風の便りに・・・ ◀

秘密や情報の出所を明らかにしたくない時に、「風の便りに聞いたよ」「噂に聞いたけど」と言うことがあります。英語では比喩で、A little bird told me that …（小鳥が～と言った）です。この表現の由来には、『旧約聖書』の「伝道の書 (Ecclesiastes)」(10:20) の "A bird might carry the message and tell them what you said."「空の鳥がその声を伝え、翼あるものがその言葉を告げる」が元になっているとする説があります。また、英語圏には古くから、鳥は言葉を理解して、人間に情報を伝えてくれるという迷信に由来するという説もあります。

正解：1. Listen　2. heard　3. listen, hear

21 期待する・予期する・予測する

expect | anticipate

? Try it out! ? 文に最も合うのはどれ？

Q 1. I (**expect** / anticipate) better grades next semester.
次の学期では、もっとよい成績を期待しています。

Q 2. In their *shogi* game, he (expected / **anticipated**) all of his opponent's moves.
将棋の対局で、彼は相手の駒の動きをすべて予測した。

違いを知ろう！

● 「期待する・予期する・予測する」を意味する expect と anticipate の違いは微妙ですので、しっかり理解しておきましょう。**expect** は「ある事が当然起こると期待する」こと、つまり確信をもって期待することで、良いことにも悪いことにも使われます。I expect her to come tomorrow.「彼女が明日来ることを期待している」などと使われますが、この文は「来て欲しい」という話し手の希望が込められています。この場合、I expect (that) she will come tomorrow. と言うと、単なる期待を表すにすぎず、客観的な表現になります。

● **anticipate** は、ある事が当然起こることを前もって察知し、それに何らかの手段を講じながら期待することです。I anticipate (that there will be) trouble.「困ったことになりそうだ」などと使われます。ただし、この文では、困ったことが起こりそうなので、すでに何らかの対応を考えていることが暗示されています。この文を、I expect (that there will be) trouble. とすると、単に困ったことになりそうだと言っ

ているだけで、何らかの対策を講じようとしているというニュアンスは含まれていません。したがって、何かを期待・予期しているだけの場合には、expect を使う必要があります。

違いを覚えよう！

☐ **expect** ➡ 確信を持って期待する
☐ **anticipate** ➡ 事前に察知し、それに備えながら期待する

予測するの関連表現

▶ Some meteorologists are forecasting a severe winter this year.
▶ 何人かの気象学者が今年は厳しい冬になると予測している。

▶ I can't predict the result of the job interview I had last week.
▶ 先週受けた面接試験の結果は全く予測がつきません。

▶ We are estimating a moderate 5% growth in sales for next year.
▶ 来年の売上高の伸びは5％増程度と予測されます。

▶ There is no telling when the next hurricane will strike.
▶ 今度いつハリケーンが来るかは予測できない。

▶ 彼女は何を期待しているの？ ◀

I'm expecting a call. は、「いま電話を待っているところなの」という表現です。expect には、《進行形で》「妊娠している」「（女性が）赤ん坊を生む予定である」という意味もあります。be pregnant の婉曲表現です。したがって、My wife is expecting (a baby). は「妻に赤ちゃんができたよ」という意味になります。女性の身体を見て、Are you pregnant?「オメデタですか？」「妊娠してるんですか？」はあまりに直截的ですので、Are you expecting? と尋ねるのが上品な表現です。

正解：1. expect　2. anticipated

まぎらわしい 22 決める

decide | determine

? Try it out! ? 文に最も合うのはどれ？

Q 1. It's difficult to (**decide** / determine) whether she is qualified or not.
彼女に資格があるかどうか確定することは困難だ。

Q 2. I (**decided** / determined) to try to stop smoking.
禁煙することに決めた。

違いを知ろう！

●「決める」を意味する decide と determine の違いを正確に把握するために、次の2つの文の違いを考えてみましょう。
① When did you decide to be a nurse?
② When did you determine to be a nurse?
①と②はいずれも、「看護師になろうと決心したのはいつ？」と尋ねていることに違いはありません。ただし、①は「看護師になることに決めたのはいつのことか？」と、決めた行為に焦点が当てられています。一方、②は「看護師になる決心に至ったのはいつか？」と結論に至るプロセスに焦点が当てられています。つまり、**decide** は、何かを決めるに至る過程ではなく、「決める行為」そのものに重点が置かれ、**determine** は、行為よりも調査・観察・熟考などの結果として、「ある結論に至る過程」に重点が置かれます。determine には、状況を勘案して「固い決意をする」というニュアンスがあり、decide よりもフォーマルな語です。decide は She said she decided not to go

college.「彼女は大学へ進学しないことに決めたと言っているよ」などと使われ、determine は I determined to give up smoking and to take care of my health.「喫煙を止めて、健康に注意することに決めたよ」などと使われます。

●また、「決める」「決心する」の口語表現には、**make up one's mind** もあります。このイディオムは、My sister has made up her mind to study in the U.S.「妹はアメリカへ留学する決心をした」などと使われます。

違いを覚えよう！

□ **decide** ➡ 決める過程ではなく、「決める行為」に焦点が当てられる
□ **determine** ➡ 調査・観察・熟考などの結果として「結論に至る過程」に焦点が当てられる（★「固い決意をする」というニュアンスがある）

決めるの関連表現

▶ Rosie is determined to become a pro golfer.
▶ ローズィはプロゴルファーになろうと堅く心に決めている。

▶ We set the date of the year-end party for this Friday.
▶ 忘年会を今週の金曜日に決めました。（★ set =「日取りなどを決める」）

▶ Yuriko still doesn't know whether or not she should accept Bill's offer.
▶ 百合子はビルの申し出を受けるかどうか態度を決めかねている。

▶ Meg did not come at the appointed hour.
▶ メグは決められた時間（→約束した時間）に現れなかった。

▶ "What should we eat?" "You choose."
▶ 「何食べようか？」「あなたが決めてよ（→あなたに任せるわ）」

正解：1. determine 2. decided

23 許可する

allow | **permit**

? Try it out! ? 文に最も合うのはどれ？

Q 1. The judge (allowed / permitted) the man to meet his daughter once a month.
判事は、その男に月に1度娘さんに会うことを許可した。

Q 2. My mother does not (allow / permit) us to eat sweets before dinner.
母が夕食前に（デザート用の）甘い物を食べることを許してくれないの。

違いを知ろう！

● allow と permit の違いを検討しましょう。**allow** は「〜することを妨げない」「〜を黙認する」という意味です。この語には、「消極的・暗黙的に同意して許可する」するというニュアンスがあります。つまり、「ある事が起こるのを許す」「個人の判断について許可する」「何かが行われることを許す」ことを意味します。この語が対象にするのは、行為でも禁止の事項でもかまいません。公園やスーパーの入り口には、No pets allowed.「ペットお断り」の掲示があります。禁止の対象を表した例です。これは掲示ですので、allowed の前の be 動詞（ここでは are）が省略されています。

● 一方、**permit** は、「権限のある者が許可する」「法律や規則で許可する」という意味で、「積極的に同意して許可する」というニュアンスがあります。Do you know that some high schools don't permit students to work part time?「学生のアルバイトを認めない高校があるって知ってる？」などと使われます。ただし、「公的に許可する」は permit ですが、例外的に I will go skiing this weekend, if weather permitting.「天候が許せば、今週末スキーに出かけます」のように、日常会話では決まり文句として、主に「時間・健康・天候」について使われます。この場合の permit は allow に近い意味を表します。

●「許可する」には **let** もあります。この語は allow とほぼ同じ意味ですが、Let him go!「彼を放してやりなさい」のように、何かを提案したり、命令したりする時に使われます。また、「許可する」を意味して **admit** を使う場合もありますが、この語は単に「許可する」という意味ではなく、「どこかへ入る・入会する・入場する・入学する・入院することを許可する」という意味です。

違いを覚えよう！

☐ **allow** ➡ 人としての判断によって許可する（★「消極的に同意して許可する」というニュアンスがある）
☐ **permit** ➡ 権限のある者が（公的に）許可する（★「積極的に同意して許可する」というニュアンスがある）

許可するの関連表現

▶ My son wanted to go out with the girl, but I wouldn't let him (go).
▶ 息子は、その女の子とデートしたがったが、私はどうしても許さなかった。

▶ Both Mary and Bill were admitted to this university.
▶ メアリーとビルは2人ともこの大学への入学を許可された。

▶ This restaurant is licensed to sell liquor.
▶ このレストランでは酒類を売ることが許可されています。

正解：1. permitted　2. allow

24 禁じる

forbid　prohibit　ban

? Try it out! 文に最も合うのはどれ？

Q1. Swimming in this river is (forbidden / prohibited / banned).
この川で泳ぐことは禁じられています。

Q2. My parents (forbid / prohibit / ban) me to go out after dark.
両親は、私に夜の外出を禁じているんです。

Q3. The city has (forbidden / prohibited / banned) drinking and smoking on the street.
市は路上での飲酒・喫煙を禁止した。

違いを知ろう！

●これら3語は置き換え可能な場合も多くありますが、ニュアンスは異なります。forbid には公的に禁ずるという意味もありますが、この語は基本的に、「権威ある者が私的・個人的に直接禁ずる」を意味します。Smoking is forbidden in this house.「この家での喫煙は禁じられています」のように、親・教師・上司・管理者など権威のある者が個人的に禁止の命令を出すことです。

● prohibit は「（法律・法令など）公的な権威によって禁止する」ことで、In this country the law prohibits spitting on the road.「この国では、路上につばを吐くことは法律で禁じられています」などと

使われます。ところが、「禁ずる」を意味するこれら2つの語は、強制の意味合いが強いので、日常会話では一般に let や allow で代用される傾向にあります。I won't let you stay out that late.「そんなに遅くまで外出している（→家に戻らない）のは許しませんよ」とか We are not allowed to use the phone for private calls in this office.「この会社では私用電話は禁じられています」などと使います。
●では、**ban** はどうでしょうか？ この語は、「法的に禁止する」、宗教的・道徳的な問題に関して「有害とされることを禁止する」というニュアンスの強い語です。Smoking has been banned in this building.「この建物では禁煙です」とか The government bans the sale of pornographic magazines in this country.「この国では、政府がポルノ雑誌の販売を禁じている」などと使われます。

違いを覚えよう！

- **forbid** ➡ 権威ある者や親・教師などが個人的に禁止する
- **prohibit** ➡ 公的な権威によって禁止する
- **ban** ➡ 宗教的・道徳的な基準によって法的に禁止する

禁じるの関連表現

▶ The doctor advised my husband not to drink alcoholic beverages.
▶ 夫は医者にアルコール（飲料）を禁じられているんです。

▶ 「禁止の掲示」いろいろ ◀

Authorized Persons Only「関係者以外立入禁止」／ Closed to Traffic「車の乗り入れ禁止」／ Keep Off [Out]「立入禁止」／ No Litter(ing)「ゴミ投棄禁止」／ No Loitering「この付近でたむろすることを禁ず」／ No Minors「未成年者（18歳以下）お断り」／ No Passing「追い越し禁止」／ No Posters Allowed「貼り紙禁止」／ No Soliciting「押売りお断り」／ No Spitting「つばを吐くな」／ No Visitors「面会謝絶」／ Restricted Area「通行禁止区域」

正解：1. prohibited　2. forbid　3. banned

25 壊す

break　destroy　damage　ruin

? Try it out! 文に最も合うのはどれ？

Q 1. Although (broken / destroyed / damaged / ruined) in the accident, her car was easily repaired.
彼女の車は事故で壊れたけれど、容易に修理された。

Q 2. Who (broke / destroyed / damaged / ruined) my glasses?
誰だ、俺の眼鏡を壊したのは？

Q 3. My father (broke / destroyed / damaged / ruined) his health through overwork several years ago.
父は数年前、過労で体を壊した。

Q 4. Nuclear weapons have the potential to (break / destroy / damage / ruin) the entire planet.
核兵器は地球全体を破滅させる可能性がある。

違いを知ろう！

●日本語では「壊す」1語で表現できることが、英語では部分的に壊すか全体を壊すかによって使い分けが必要です。**break** は、「外部から力を加えて壊す」ことです。ただし、修理すれば元の状態に戻る程度で、「部分的に壊す」を意味します。したがって、The typhoon broke the door of the garage.「台風でガレージのドアが壊れた」では破壊の程度は不明ですが、修復が可能な程度であることがわかり

ます。ちなみに、「縁談を壊す」も break を使って、break (off) the match と表現します。
● **destroy** は「完全に破壊する」、つまり修復不可能な状態にすることです。したがって、The twister destroyed our school building. は、校舎が原形をとどめないほど壊れた、つまり全壊したことを意味します。
● **damage** は、壊したり傷つけたりした結果、物の本質的な価値や特徴が損なわれることを指します。この語は、修復可能な場合に用いられますが、物ばかりでなく、「心に傷がつく」の意味でも使われます。もちろん、「環境を破壊する」も destroy the environment ではなく、damage the environment です。
● また、**ruin** は、存在可能であるがその特徴が失われることを意味します。The rainstorm ruined the crops.「暴風雨で作物が台無しになった」などと使われます。また、「景観を壊す」「名声を台無しにする」も、それぞれ ruin を使って ruin the beauty、ruin the reputation と表現されます。

違いを覚えよう！

☐ **break** ➡ （築き上げた）物をばらばらにする；部分的に壊す
☐ **destroy** ➡ （建物・都市などを）完全に破壊する
☐ **damage** ➡ 物・心を傷つける（★物の本質的な価値や特徴が失われる）
☐ **ruin** ➡ 物を使えなくする；台無しにする（★壊された結果に重点が置かれる）

壊すの関連表現

▶ My son ate too much and got an upset stomach.
▶ 息子は食べ過ぎて、お腹を壊した。

▶ Our old school building will be torn down next year.
▶ 私達の古い校舎は、来年、取り壊されます。

正解：1. damaged　2. broke　3. ruined　4. destroy

26 叫ぶ

shout | **cry out** | **scream** | **yell (at)**

Try it out! 文に最も合うのはどれ？

Q1. The boy was sad because his father (shouted / cried out / screamed / yelled at) him.
父親にどなりつけられて、その男の子は悲しかった。

Q2. When Larry proposed to Sue, she (shouted / cried out / screamed / yelled at) in happiness.
ラリーがスーにプロポーズした時、彼女は喜びの声を上げた。

Q3. Meg (shouted / cried out / screamed / yelled at) with fear when she saw the strange figure.
メグは奇妙な人影を見て、恐怖にかられて叫んだ。

Q4. Don't (shout / cry out / scream / yell) like that. I can hear you perfectly.
そんなに叫ばない（→大声張り上げない）で。ちゃんと聞こえてますから。

違いを知ろう！

●私たちは、恐怖にかられたり、何かに驚いたり、嬉しいことがあった時に「叫び声」を上げます。shout は、声援を送ったり、命令したり、注意を促す時に「一瞬驚くほど大声を出す」ことです。通りの反対側にいる友だちに話しかけたり、ケンカで怒鳴り合ったりする場合も shout です。He shouted, "Stop!"「彼は『止まれ！』と叫んだ」のよ

うに使われます。

● **cry out** は、驚きや突然の痛みで大声を発したり、感極まって泣き叫んだりすることです。My father cried out, "Ouch! I pinched my finger again."「父は『痛っ！ また指をはさんじゃった』と叫んだ」などと使われます。

●これに対して、**scream** はショックや恐怖、感動などで甲高い声や悲鳴を上げることです。特に女性が、偶然に有名人を見かけたり、ジェットコースター (roller coaster) に乗って嬌声を発したりすること、つまり「声を限りに大声で叫ぶ」ことです。

●また、**yell at** は、shout や cry よりも口語的な語で、特に応援したり怒ったりして、（恐ろしいほど）大声を発したりすることを意味します。He often yells at his men out of frustration.「彼はよく苛立って部下をどなりつける」などと使われます。

違いを覚えよう！

□ **shout** ➡ 声援・命令などで一瞬驚くほど大声を出す
□ **cry out** ➡ 突然の痛みや驚きで大声を発する
□ **scream** ➡ ショック・恐怖・感動などにより大声を発する
□ **yell (at)** ➡ （恐ろしいほど）大声を出す、怒鳴る、わめく

叫ぶの関連表現

▶ The girl shrieked with pain.
▶ その女の子は痛くて悲鳴を上げた。(★ shriek は「恐怖や痛みを感じて大声を発する」で、scream よりも甲高い声で突然叫ぶこと)

▶ The importance of English education is being loudly proclaimed.
▶ 英語教育の重要性が叫ばれている。(★ proclaim =「声高に主張する・訴える」)

▶ The need for moral education is being widely called for.
▶ 道徳教育の必要性が叫ばれている。(★ call for =「大声で求める・要求する」)

正解：1. yelled at　2. cried out　3. screamed　4. ◎ shout, ○ yell

27 修理する

repair | mend

? Try it out! 文に最も合うのはどれ？

Q1. Can you (repair / mend) this toy?
このオモチャを修理してもらえませんか？

Q2. I (repaired / mended) a torn page of this book with tape.
この本の破れたページをテープで補修したよ。

違いを知ろう！

●「直す」の repair と mend の区別は微妙です。**repair** は、破損したものを元どおりにすることで、多くの場合、特殊な技術をもつ専門の人が「(機械などを) 修理する」ことです。つまり、構造が複雑なものを、専門的に修理することで、通例、車・道路・家屋・家具・電化製品などの修理に使われます。We have to call an electrician to repair this kerosene stove.「灯油ストーブを直してもらうのに電気屋を呼ばなければならない」などと使われます。

●これに対して、**mend** は、主に衣服やオモチャなど比較的小さく、構造が単純な物の修繕・修理に使われます。つまり、破れた箇所を縫い合わせたり、壊れた箇所を応急的に修理したりして、とりあえず使える状態にすることです。また、この語は、形のある物ばかりでなく、損なわれた人間関係とか健康などの回復・修復にも使われます。I think the present he got her will mend the rift between them.「彼が彼女にあげたプレゼントで、2人の不和が直ると思うよ」などと

使われます。
●なお、「直す」には、fix もありますが、会話でとてもよく使われ、mend と repair のいずれとも交換可能です。

違いを覚えよう！

□ **repair** ➡ 比較的複雑な物で、ある程度の技術を要する物を修理する
□ **mend** ➡ 構造が比較的単純で、さほど技術を要しない物を修繕する
　（★人間関係や健康の回復にも使われる）

修理するの関連表現

▶ Can you fix this TV set by next Monday?
▶ 来週月曜までにこのテレビを修理してもらえますか？

▶ I have to get my digital camera fixed.
▶ デジカメを修理してもらわなければならない。

▶ My car is in the shop [garage].
▶ いま車を修理に出しています。(★この shop は repair shop(修理工場)のこと。garage には「車庫」という意味もあるが、ここでは「修理工場」という意味)

▶ The old church was renovated last summer.
▶ 昨年の夏、あの古い教会が修理された。(★ renovate は特に古い建物を修理する場合に用いられる)

▶ I'll have to patch the roof so that it won't leak again.
▶ また雨もりがしないように屋根を修理しなきゃ。(★ patch =「(穴が空いた箇所や破れた箇所、すれて薄くなった箇所に) 継ぎを当てる」)

正解：1. repair　2. mended

28 信じる

| believe | believe in | trust |

? Try it out! ? 文に最も合うのはどれ？

Q1. I can't (believe / believe in / trust) him because he always tells lies.
彼はいつも嘘をつくので信用できない。

Q2. To tell (you) the truth, I didn't (believe / believe in / trust) his story at first.
実を言うと、最初は彼の話を信じなかった。

Q3. Many people (believe / believe in / trust) God.
多くの人々が神を信じています。

違いを知ろう！

● **believe** は何かが真実であると考え、それを確信することです。つまり、ある人の言葉や話を信用することで、Believe me! は「俺（の言うこと）を信じろよ！」とか Believe it or not, that man is an English teacher.「信じようが信じまいが、あの人は英語の教師だよ」などと使われます。

● この believe に in をつけて **believe in** とすると、「信仰する」「ある物の存在や価値、価値観、信念などを信じる」という意味になります。Many of us believe in democracy.「私たちの多くは民主主義を（良いと）信じている」とか、A great many people in this country believe in ghosts / UFOs.「この国ではかなり多くの人が幽霊/UFOを信じている」などと使われます。

●また、**trust** は、「信用する」「信頼する」「直感や記憶をもとにある事を信じる・確信する」という意味です。She completely trusts her homeroom teacher.「彼女は自分の担任の先生を全面的に信頼している」などと使われます。

違いを覚えよう！

- **believe** ➡ 人の話や言葉を信じる；真実だと思う
- **believe in** ➡ 信仰する；存在や価値・正しさを信じる
- **trust** ➡ 信用する；信頼する

信じるの関連表現

▶ That's too good to be true.
▶ その話はあまりにうますぎて信じられない。

▶ That's unbelievable [incredible]!
▶ 信じられないよ！（★ incredible =「途方もない話で信じられない」）

▶ You're kidding!
▶ 信じられないよ！（★ kid =「からかう」、You're kidding! =「まさか」「冗談だろ」）

▶ Take my word for it!
▶ 俺の言うことを信じろよ！（★通例、Believe me. よりも意味は弱い）

▶ "He says he'll pay me back by next week." "Don't be too sure about that. He's not very reliable."
▶「彼は来週までにはお金を返すと言っています」「そんなに信用するなよ。あいつはあまり当てにならないから」

正解：1. ◎ trust, ○ believe　2. believe　3. believe in

29 まぎらわしい！ 助ける

| help | save | assist | aid |

? Try it out! ? 文に最も合うのはどれ？

Q1. The international organization promised to (help / save / **assist** / **aid**) the refugees with food and medicine.
その国際機関は難民に食料と医薬品を援助すると約束した。

Q2. Many nurses (**helped** / saved / **assisted** / aided) the doctor with the operation.
多くの看護師が手術で、その医師の手助けをした。

Q3. The doctor and the nurses (helped / **saved** / assisted / aided) my life.
医師と看護師たちが私の命を助けてくれた。

Q4. (**Help** / Save / Assist / Aid) me! I'm drowning.
助けて！ 溺れそうだ。

違いを知ろう！

● help は「助ける」の最も一般的な語で、「人に手を貸して助ける」という意味です。この語は「手伝う」場面でよく使われます。お店に入ると、店員が客に May I help you?（買い物のお手伝いをしましょうか？）→「いらっしゃいませ」と声をかけますね。Mr. Vincent helped me in my business.「ビンセントさんが僕の事業を手伝ってくれた」などと使われます。危険・窮状に直面して「助けて！」は

Help me! です。Help me with this.「これを手伝って」、Help me solve this math problem.「この数学の問題解くのを手伝ってよ」などと言います。

●ところが、強盗などに命乞いをしての「（命だけは）助けて！」は Save me! です。この Save me! は Save my life! と同じ意味です。つまり、**save** は help よりも差し迫った危険・困難からの救出を意味し、Fred saved my daughter from drowning.「フレッドはうちの娘が溺れそうになっているのを助けてくれた」などと使われます。

● **assist** は、assistant（補助する人・助手）という名詞からもおわかりのように、「補佐する・補助する」が元の意味です。つまり「補助的な立場に立って助ける」ことです。help ほど切迫感のない、かつフォーマルな場面で使われますが、多くの場合、help との交換も可能です。また、assist が他の語と異なるもう１つの点は、誰かの業務・仕事を補助することで、相手に対して、従の関係にあることです。

● **aid** は「（主に団体などに対して）公的に資金援助をする」ことを意味します。この語は、フォーマルな印象を与え、口語で使われることはまれです。first aid「応急手当」、foreign aid「海外援助」などのように、よく名詞でも使われます。さらに、**rescue** は災害などからの救出行為を表します。

違いを覚えよう！

□ **help** ➡ 手伝う；手を貸して助ける（★最も一般的な語）
□ **save** ➡ 危険や困難から救う・救出する
□ **assist** ➡ 補助的な立場に立って助ける
□ **aid** ➡ 公的に資金援助をする

助けるの関連表現

▶ There was nobody to back her up.
▶ 彼女を援助しようとする者はいなかった。（★ back up =「後援する」）

正解：1. aid 2. assisted 3. saved 4. Help

30 まぎらわしい！ 作る

produce | create | make

? Try it out! ? 文に最も合うのはどれ？

Q1. It is said that God (produced / created / made) the heavens and the earth.
神は天と地を造ったと言われています。

Q2. My mother (produced / created / made) a dress for me last week.
母は先週、私にワンピースを作ってくれた。

Q3. The Impressionist era (produced / created / made) many great artists.
印象派時代には多くの偉大な芸術家が生まれた。

違いを知ろう！

● 「つくる」を表す英語もいろいろです。produce には、「販売目的で物を大量に生産する」「農産物を作ったり資源を産出したりする」「テレビ番組などメディアのコンテンツを組織立てて企画・制作する」という意味があります。いずれにも、「売り物を生産する」というニュアンスが含まれています。

● create は、「いままでこの世に存在しなかった物を創る」、つまり「新しい物を創り出す」という意味です。create を使った有名な言葉に、All men are created equal.「人間は生まれながらにしてみな平等である」があります。トーマス・ジェファーソンが起草した『アメ

リカ独立宣言』(1776) の1節ですね。オバマ米大統領は就任演説で、この表現をもとに、(政治的配慮からか、men と created を省いて) "...all are equal, all are free, ..."(…万人は平等であり、万人は自由であり…)と訴えました。create はまた、It took me more than three months to create my own website.「自分のホームページを立ち上げるのに、3か月以上もかかったよ」などと使われます。さらに、名詞には creator「(独創的な物を創る) 創作者」、creativity「創造性」などがあります。

●また、「作る」を意味する最も一般的な語は **make** です。この語は、上に挙げた2語と言い換え可能ですが、状況によって「製造する」「製作する」「生産する」と訳し分ける必要があります。

●「製品を大量に作る」には **manufacture** もあります。この語は、商品や製品を工場で大量に生産することで、produce よりも機械生産・大量生産の意味が強い語です。This factory manufactures many kinds of car parts.「この工場ではいろいろな車の部品を大量に作っています」などと使われます。

違いを覚えよう!

☐ **produce** ➡ 主に販売目的で商品・製品を大量に作る・製造する
☐ **create** ➡ 新たに物を創り出す、生じさせる
☐ **make** ➡ 「作る」を意味する最も一般的な語で、多くの場合、他の2語と言い換えが可

作るの関連表現

▶ It took more than twenty years to construct this dam.
▶ このダムを造るのに20年以上かかった。

▶ Mr. Yoshida composed a lot of music.
▶ 吉田さんはたくさんの曲を作ったね。

正解:1. created 2. made 3. produced

31 願う

| hope | wish | desire |

? Try it out! 文に最も合うのはどれ？

Q 1. I (hope / wish / desire) you would be quiet.
お静かに願います。

Q 2. I (hope / wish / desire) you can come.
あなたが来られることを願っています。

Q 3. Everybody (hopes / wishes / desires) to be happy.
誰もが幸せになりたいと願っている。

違いを知ろう！

● **hope** は成功などへの期待・希望を表します。今後のことなどをこうなって欲しい、ああなって欲しいと、十分な根拠はないものの、実現の可能性の高い未来の希望を表す語です。I hope it will be nice tomorrow.「明日、天気になるといいんですが」などと使われます。ただし、「早くよくなってね」(I hope you'll get well soon.) のように、強い願いや願望に対してもよく使われます。この場合、日本語では一般に、「願う」よりも「祈る」という語が使われます。

●一方、**wish** は hope に比べて実現が困難・不可能な願望を表します。つまり、非現実的な事、あり得ないことに対する願いを表す語です。I wish I knew her phone number.「彼女の電話番号がわかっていればなあ」などと使われます。ただし、この wish は、I wish you every success in your new job.「新しいお仕事で成功されることを祈って

おります」のように、ビジネス文書の社交辞令にも使われます。
● desire は、願望の実現に対する積極性を表す語で、wish よりも強い願望を表します。公的な場や改まった行動が求められる場面で、We desire your cooperation and assistance in this joint project.「このジョイント・プロジェクトでご協力とご支援をお願い致します」などと使われます。ただし、I desire her presence at the next meeting.「私は次の会議での彼女の出席を願っている」では、この desire を wish と置き換えが可能ですが、hope とは不可です。
● ただし、「望む」「欲しい」を意味する最も一般的な語としては **want** があり、Do you want something to drink?「何か飲みたい？」などと使われます。

違いを覚えよう！

□ **hope** ➡ 期待・希望する（★実現の可能性が高い希望を表す）
□ **wish** ➡ 実現がかなり難しい事を願う（★非現実的な事に対する願いを表す）
□ **desire** ➡ かなり強く願う（★願望の実現に対する積極性を表す）

願うの関連表現

▶ I couldn't have asked for anything better.
▶ （それは）願ってもないことです。

▶ You are requested to attend the meeting next Monday.
▶ 来週月曜の会議に出席をお願いします。

▶ Could I ask you a favor?
▶ お願いしたいことがあるのですが。

▶ Please speak more loudly.
▶ もっと大きな声でお願いします。（★日本語の「お願いします」は、please や他の丁寧な表現に意訳されることが多い）

正解：1. wish　2. hope　3. desires

32 始まる

start | begin | open

? Try it out! 文に最も合うのはどれ？

Q 1. My car didn't (**start** / **begin** / **open**) this morning.
今朝、車のエンジンがかからなかったのよ。

Q 2. The meeting was (**started** / **begun** / **opened**) with the chairperson's speech.
その会議は委員長の挨拶で始まった。

Q 3. The war (**started** / **began** / **opened**) in 1999.
その戦争は1999年に始まった。

違いを知ろう！

●会議、授業、映画、事業などが「始まる」の意味では、start と begin は多くの場合、置き換えが可能です。しかし、**start** は動作の始まりに重点が置かれ、**begin** は物ごとや事態の始まりに重点が置かれます。たとえば、「エンジンがかかった」は「エンジンの動作が始まった」ので、The engine started. で、The engine began. ではありません。運動競技のスタート・ラインは a starting line で、この出発の合図係は a starter ですね。この違いは、「終わる」を意味する finish と end との関係に似ています。

●これに対して、begin は静止しているものの活動の開始に焦点が当てられます。活動が終わる時点に焦点が当てられる反意語の end と対をなします。たとえば、外国語の学習を始めた人は、学習という活動

を開始する人なので、a beginner です。「（止まっていたものが）急に動き出す」わけではありませんので、a starter ではありません。When I got to the hall, the concert had already begun.「会場に着いた時、コンサートはすでに始まっていた」などと使われますが、この場合、begun を started で置き換えることはできません。

●また、**open** という動詞は、「何かを始める・開始する」という意味で、学校・会合などを始める、店などを開店する、番組などを始めることを意味します。The star player opened negotiations about his contract with the ball club.「その花形選手は球団と契約について交渉を始めた」などと使われます。

違いを覚えよう！

- **start** ➡ 今まで止まっていたものが動き出す
- **begin** ➡ 長続きしそうなことを始める
- **open** ➡ 何かを始める；開会する；開店する

始まるの関連表現

▶ The rainy season starts up here in June.
▶ ここでは、雨季は6月に始まります。

▶ When did you take up flower arrangement?
▶ いつ華道を始められたんですか？

▶ What shall we do first?
▶ 何から始めましょうか？

▶ The custom originated in China centuries ago.
▶ その風習は、何世紀も前に中国で始まった。

正解：1. start　2. opened　3. began

33 話す

speak | **talk** | **tell** | **say**

? Try it out! 文に最も合うのはどれ？

Q 1. Sue can (**speak** / talk / tell / say) many languages.
スーって、何か国語も話せるんだよ。

Q 2. She (spoke / talked / told / **said**) good-bye and hung up the phone.
彼女はさよならと言って、電話を切った。

Q 3. You should (speak / **talk** / tell / say) with your parents before you decide.
決める前に両親と話し合った方がいいよ。

Q 4. I'll (speak / talk / **tell** / say) the teacher that you have a bad cold.
君がひどい風邪を引いていることを、僕から先生に話しておくよ。

違いを知ろう！

● **speak** は「言葉を発する」「(公の場で) 話す」という意味です。「聴衆に向かって話す」が基本で、話している内容に重点が置かれます。自動詞では、to、about、of、on などの前置詞を伴います。

●一方、**talk** は特定の話題について、2 人以上で「会話する」「おしゃべりする」「話し合う」ことで、内容よりも話し合う行為に重点が置かれます。自動詞では、about, of などの前置詞を伴います。「弟はドイツ語が話せます」は、My brother can speak German. で、My brother can talk German. ではありません。ただし、talk に in を付けて My brother can talk in German. とすれば、「弟はドイツ語で話ができます」となります。

●また、**tell** は「知らせる」「告げる」を意味する他動詞です。伝えるべき情報、求められている情報を相手に伝えるときに使われ、話の内容に重点が置かれます。さらに、**say** は「（人に）言う」を意味し、実際に言葉を発することで、発話という行為に重点が置かれます。「彼女はいつも一言多い」は She always has to say one word too many. で、She always has to tell one word too many. ではありません。tell は文法的に She told me ... とか to tell (you) the truth, のように、目的語に「人や物（事）」をとります。ただし、他の3つの動詞では「物（事）」が目的語になりますが、「人」が目的語になることはありません。したがって、面白い話題などを持ち出す時の「あのね」は I'll tell you what. です。さらに、「ちょっとお話があるのですが」も、tell を使って I have something to tell you. と表現します。

違いを覚えよう！

☐ **speak** ➡ 聞き手・聴衆に向かって言葉を発する（★話している内容に重点が置かれる）
☐ **talk** ➡ 2人以上で会話する（★話し合う行為に重点が置かれる）
☐ **tell** ➡ 知らせる、告げる（★話の内容に重点が置かれる）
☐ **say** ➡ 言葉を発する、言う（★発話という行為に重点が置かれる）

話すの関連表現

▶ She often mentions you to us.
▶ 彼女はよく君のことを話してるよ。

▶ I wanted to share my feelings with someone at that time.
▶ あの時、自分の気持ちを誰かと分かち合い（→誰かに話し）たかったよ。

正解： 1. speak　2. said　3. ◎ talk, ○ speak　4. tell

34 震える

shake | shiver | tremble | vibrate

? Try it out! ? 文に最も合うのはどれ？

Q 1. The girl was (shaking / shivering / trembling / vibrating) with cold waiting at the bus stop.
その少女はバス停でバスを待ちながら寒さで震えていた。

Q 2. I felt the speaker (shaking / shivering / trembling / vibrating).
スピーカーにさわったら、振動していた。

Q 3. His house (shakes / shivers / trembles / vibrates) every time a big truck passes.
彼の家は大型トラックが通るたびに揺れます。

Q 4. My daughter (shakes / shivers / trembles / vibrates) every time she has a piano recital.
うちの娘はピアノのリサイタルに出演するたびに震えます。

違いを知ろう！

● shake は、身体が恐怖や不安で震えたり物が振動したりすることです。Silvia's hands were shaking when she opened the letter from him.「彼からの手紙の封を切る時、シルビアの手は震えていた」などと使われます。

●また、shiver は、特に病気や寒さのため、あるいは何かに興奮して身体が震えることです。I shivered with the fear at that time.「そ

の時、私は恐ろしさで震えた」などと、通常、否定的なニュアンスを示す時に使われます。

● tremble は緊張や感動などの心的な要因によって身体の一部や声がかすかに震えることです。The student's voice trembled when she started to speak in front of her class.「クラスの前で話し出した時、その学生の声は震えていた」などと使われます。

● vibrate は機械などが規則的に連続して小刻みに振動することで、携帯電話がマナーモードで振動する状態などを表します。Her voice vibrated with tension when she made a presentation for the first time.「彼女が初めてプレゼンをした時、彼女の声は緊張で震えていた」などと使われます。

違いを覚えよう！

- [ ] **shake** ➡ 身体が恐怖や不安で震える；物が振動する
- [ ] **shiver** ➡ 病気や寒さなどのために身体が震える
- [ ] **tremble** ➡ 心的な要因によって身体の一部や声が震える
- [ ] **vibrate** ➡ 機械などが規則的に連続して振動する

震えるの関連表現

▶ The girl shuddered with terror.
▶ 少女は恐怖のあまりガタガタ震えた。

▶ shake を使った「恐怖」の表現 ◀

日本語には「恐怖でブルブル・ガタガタ震える」という表現がありますが、英語でも shake を使って「恐怖」を表すことがあります。shake like a leaf「(寒さまたは恐怖によって)木の葉のように震える」、shake in one's shoes [boots]（靴・ブーツの中で震える）→「恐怖に震え上がる、不安におののく、びくびくする」などです。What's the matter? You're shaking in your shoes.「どうしたの？ ブルブル震えて」などと使われます。

正解：1. shivering 2. vibrating 3. shakes 4. trembles

まぎらわしい 35 学ぶ

study / learn

? Try it out! ? 文に最も合うのはどれ？

Q1. It's not easy to (study / learn) a foreign language.
外国語の習得はそう簡単じゃないね。

Q2. Have you made a decision about what to (study / learn) in college?
大学で何を勉強するか決めた？

違いを知ろう！

●多くの英和辞典には、study も learn も「勉強する」「学習する」などと出ていることから、その違いがわかりにくいようです。**study** はある知識を得るために「努力して何かを勉強する、研究する、調べる」ことで、「学ぶ行為とプロセス」に重点が置かれます。ただし、努力してもそれが身についたかどうかは問題ではありません。I studied American history at college.「大学ではアメリカ史を勉強しました」や My husband is studying the time table.「夫はいま時間表（で時間）を調べています」などと使われます。

●これに対して、**learn** は「何かを知る」「習得する」「授業や練習などで受動的に学ぶ」ことで、「学ぶ結果・成果」に重点が置かれます。My brother wants to learn how to ride a motorcycle.「弟はバイクの乗り方を学びたがっている」のように使われます。また、learn には「習う」のほかに、「自動的に学ぶ、自然に覚える」という意味もあります。ご存知のように、幼児は親に教えられなくても言葉を覚

えます。My boy is learning to talk.「うちの子、話せるようになったのよ」のように使われ、この場合、learnの代わりにstudyは使えません。

●また、「働く」が原義のworkは、文脈から「勉強する」の意味になることが明らかな時に使われます。特に、学校で授業を受けたり、科目を履修して勉強したりすることのほか、試験に合格したり、資格を取ったりするために勉強することを意味します。

違いを覚えよう！

□ **study** ➡ なにかを勉強する、専門の調査・研究をする（★学習の行為とプロセスに重点が置かれる）
□ **learn** ➡ 外国語や楽器などを習得する、単語などを覚える（★学習の結果・成果に重点が置かれる）

学ぶ・勉強するの関連表現

▶ I have to work hard to catch up with the class.
▶ クラスに追いつくために、一生懸命勉強しなければならない。

▶ My brother picked up his English in New York.
▶ 弟はニューヨークにいる時に、聞き覚えで英語を身につけた（→習得した）。

▶ They are cramming for the entrance exam.
▶ 彼らはいま入試に向けて詰め込み勉強をしています。

▶ What was your major in college?
▶ 大学では何を勉強しましたか？

▶ Mr. Nakanishi is a hard worker.
▶ 中西さんはよく勉強しますね。

▶ Well, I'd be happy to give you a discount equal to the (sales) tax.
▶ じゃあ、消費税（分）を勉強させていただきます。

正解：1. learn　2. study

36 見る

see　look (at)　watch

? Try it out! 文に最も合うのはどれ？

Q 1. Many Japanese children (see / look at / **watch**) television for hours every day.
多くの日本の子どもは、毎日何時間もテレビを観ます。

Q 2. Don't (see / **look at** / watch) me! I'm not to blame!
そんな目で見ないで！ 私のせいじゃないんだから！

Q 3. My grandma can't (**see** / look at / watch) anything without her glasses.
おばあちゃんは眼鏡をかけないと何も見えないんです。

違いを知ろう！

●日本語には同じ「見る」でも、「何とはなしに見る」とか「目を皿のようにして見る」などの表現があります。英語でも何を、どのように「見る」かによって使い分けが必要です。see は「(特に見ようとしなくても、) 自然に見える」「目に入る」を表します。映画や劇、観光名所などを見ることも含まれます。この語は、単に物理的に物を見るだけでなく、「何かを理解する」「調べる」「確かめる」という意味でも使われます。

●一方、look (at) は「静止している物を意識的に見る」「注視する」「視線・目を向ける」ことです。Look!「ねえ、いいかい」「ほら、見て！」などと相手の注意を引く時にも使われます。I looked around but didn't see it.「私はあたりを見たが、それが目に入らなかった」という文が、see と look (at) の違いを理解するのに役立ちます。

●また、**watch** は、「動きのあるものを（注意を集中して）しばらくの間見る」「じっと見る」「観察する」ことを表す動詞です。watch には、「注意する」という意味もあり、Watch your language. は（あなたの言葉を見なさい）→「言葉（づかい）に気をつけなさい」を意味します。look と watch は「ものを注意して見る」という自発的な行為を表わします。

違いを覚えよう！

- **see** ➡ 見ようとしなくても見える；自然に目に入る
- **look (at)** ➡ 目を向ける；静止している物を意識的に見る
- **watch** ➡ 動きのある物を注意して見る

見るの関連表現

▶ Mr. Katayama is a good judge of people.
▶ 片山さんは人を見る目があるね。

▶ I had a good dream last night.
▶ 昨夜はいい夢を見たよ。

▶ She doesn't have an eye for paintings.
▶ 彼女には絵を見る目がないね。

▶ I helped my son with his homework.
▶ 息子の宿題を（手伝って→）見てやった。

▶ Hey, check out that pink Cadillac!
▶ おい、あのピンクのキャディラック、見てみろよ！

▶ Keep your eyes on the road in front of you when you drive a car.
▶ 運転する時は前をしっかり見なさいよ。

▶ Can we use a dictionary during the exam?
▶ 試験中に辞書を見てもいいですか？

正解：1. watch   2. look at   3. see

37 持つ

own possess hold have

? Try it out! ? 文に最も合うのはどれ？

Q1. Can you (**own** / **possess** / **hold** / **have**) my bag for a moment?
ちょっと鞄を持っててくれる？

Q2. This huge ship is (**owned** / **possessed** / **held**) by a rich Greek.
この大きな船はお金持ちのギリシャ人が持っています。

Q3. How many brothers and sisters do you (**own** / **possess** / **hold** / **have**)?
兄弟（姉妹）は何人ですか？

Q4. I guess that nation (**owns** / **possesses** / **holds** / **has**) biochemical weapons.
あの国は生物化学兵器を持ってると思うよ。

違いを知ろう！

● 「持つ」を表す動詞は、所有者と所有物の関係によって使い分けが必要です。own は、法律的な所有権を持って所有することを意味します。My cousin owns a villa at Izu.「いとこは伊豆に別荘を持っています」などと使われます。

● possess はどうでしょうか？ この語も「所持する」ですが、物ばかりでなく、能力・資質を持つことをも意味し、主にフォーマルな場

面や公式文書で使われます。ただし、この語は必ずしも法的な所有権を表すわけではありません。

●また、hold は、単に持っているのではなく、ある一定期間、ある物をある場所に留めておく、ある物を掴んでその状態を保つことを意味します。

● have は、多くの場合、他の 3 つの語のいずれとも交換が可能です。ただし、この語は「現在持っている」ことで、持つに至った理由などは問題になりません。たとえば、The woman has a lot of money.「あの女性は大金を持っている」と使われますが、ただ大金を持っているだけで、なぜ持つに至ったかは不問です。したがって、この文では、own や possess などへの置き換えが不可です。have はまた、He has a good memory.「彼は物覚えがいいね」や I have no idea how to fix this machine.「この機械はどうやって直したらいいか全くわからない」のように、無形のものにも使われます。

違いを覚えよう！

- □ **own** ➡ 個人・市・国家などが財産として所有する（★法律的な所有権を持つ）
- □ **possess** ➡ 物・能力・資質を所有する（★必ずしも法的な所有権を表すわけではない）
- □ **hold** ➡ ある場所にある物を留めておく；物を掴んでその状態を保つ
- □ **have** ➡ 物を所有している；考えなどを心に抱く

持つの関連表現

▶ Take your umbrella with you just in case.
▶ 万一に備えて傘を持って行きなさい。

▶ Let me carry your bag.
▶ カバンをお持ちしましょう。

▶ This cake will go bad in three days.
▶ このケーキ、3日以上は持ちません。

正解：1. hold 2. owned 3. have 4. ◎ possesses, ○ has

まぎらわしい 38 持って来る・持って行く

bring | **take** | **fetch**

? Try it out! ? 文に最も合うのはどれ？

Q1. My father (**brought** / **took** / **fetched**) some sushi home with him last night.
父は夕べ、寿司を持って帰ってきた。

Q2. Mary, (**bring** / **take** / **fetch**) my car key from my desk drawer!
メアリー、机の引き出しから車のキー取ってきて！

Q3. Our section chief (**brings** / **takes** / **fetches**) some work home every week.
課長は毎週、仕事を家に持ち帰ります。

違いを知ろう！

● **bring** は「話し手のいる場所へ物を持って来る・人を連れて来る」という意味です。これに対して、**take** は「話し手のいる場所から他の場所へ物を持って行く・人を連れて行く」ことです。つまり「bring は持って来る」、「take は持って行く」という覚え方は基本的には正しいのですが、注意も必要です。bring には、「話し手がいる場所に物を持って来る」ばかりでなく、I'm coming to your house and bringing you some gifts from Hawaii.「お宅へハワイからのお土産を持って伺います」のように、話し手がこれから行こうとしている場所、あるいは聞き手がいる場所へ向かって「何かを持って行く」こと

をも意味します。一方 take には、ある場所から他の場所へ、つまり聞き手ではない別の人（第3者）がいる所へ物を持って行く、という意味しかありません。たとえば、「お子さんたちも連れて来なさいよ」は Please bring your children. で、話し手の方向に「来る」ことがハッキリしているので問題ありません。これを、Please take your children. とは言えません。なぜならば、行き先がハッキリしないので、意味が不十分だからです。この文には、Please take your children to the party. などと、状況とか方向を表す語句を付ける必要があります。take と bring の関係は、「自分がいる場所から離れて他の所へ行く」を意味する go と、「話し手が（相手・対象の視点に立って）相手がいる方向へ向かって近づいて行く」を意味する come との関係と同じですので、「行く・来る」の項も参照してください。

● **fetch** は、「（ある場所へ行って）物を取って（持って）来る・人を連れて来る」という意味です。My dog fetches the newspaper from the front door.「うちの犬は玄関から新聞を取ってくるのよ」などと使われます。Fetch! [Go fetch!] は、犬に「行って取ってこい！」と命じる定番表現です。この場合、Go to fetch! とか Go and fetch! とは言いません。

違いを覚えよう！

□ **bring** ➡ （話し手がいる方向・場所へ）物を持って来る・人を連れて来る
□ **take** ➡ （話し手がいる場所から他の方向・場所へ）物を持って行く・人を連れて行く
□ **fetch** ➡ （ある場所へ）行って物を持って来る・人を連れて来る

持って来る・持って行くの関連表現

▶ Will you go (and) get the cell phone from my room?
▶ 私の部屋からケイタイ持って来てくれない？

正解：1. brought　2. ◎ fetch, ○ bring　3. takes

39 破る

break tear beat violate

? Try it out! 文に最も合うのはどれ？

Q 1. The man has (broken / torn / beaten / violated) traffic laws many times.
その男は道路交通法を何度も破っている。

Q 2. The boys' baseball team (broke / tore / beat / violated) their rival high school's team.
その少年野球チームはライバル高校のチームを破った。

Q 3. They say that the safe of that bank was (broken / torn / beaten / violated) into.
あの銀行の金庫が破られたそうだよ。

Q 4. She (broke / tore / beat / violated) the page out of the dictionary in order to memorize the word.
彼女はその単語を覚えるために、辞書のそのページを破り取った。

違いを知ろう！

● 「破る」という意味の **break** は「記録・約束・伝統などを破る」ことを意味し、Johnson broke the world record in the marathon.「ジョンソンはマラソンで世界記録を破った」などと使われます。
● **tear** は「紙・布などを無理に引っぱって破る」「衣服などを釘などに引っかけて破る・引き裂く」ことで、破られた・引き裂かれた部分の縁はギザギザになります。I tore my new shirt on a nail.「新しい

シャツを釘に引っかけて破ってしまった」などと使われます。似た意味をもつ rip は「(手で) 引き裂く」で、通例、(往復ハガキなどを) ある決まった線に沿って破ることです。

● **beat** は「敵や相手を打ち負かす」「相手に勝つ」という意味で、Our team finally beat the other team.「我がチームはついに相手チームを破った」などと使われます。

● **violate** は、「法律・条約・戒律を破る」「違反する」という意味で、I didn't expect him to violate the law.「彼が法律を破るとは思わなかったよ」などと使われます。

違いを覚えよう！

□ **break** ➡ 記録・伝統などを破る
□ **tear** ➡ 引っかけて破る；引き裂く
□ **beat** ➡ 試合で相手チームを破る；相手を打ち負かす
□ **violate** ➡ 法律を破る、違反する

破るの関連表現

▶ He ripped open the letter from his ex-girlfriend.
▶ 彼は元カノからの手紙を破って開けた。

▶ She wears a miniskirt in defiance of school regulations.
▶ 彼女は校則を破ってミニ・スカートをはいている。

▶ Look, the shell is cracking, and a chick is coming out.
▶ 見て、ヒナが殻を破って出てきたわよ。

▶ England defeated Scotland by 3 goals to 2.
▶ イングランドはスコットランドを3対2で破った。

正解：1. violated　2. beat　3. broken　4. tore

やめる

stop | **quit** | **give up**

? Try it out! 文に最も合うのはどれ？

Q1. During a game of hide-and-seek, Mary couldn't find her brother, so she decided to (stop / quit / give up).
隠れん坊をしていて、メアリーは弟を見つけることができなかったのでやめることにした。

Q2. I will (stop / quit / give up) this job next month and go back to school.
来月この仕事をやめて、また学校へ戻るわ。
（★ go back to school =「復学する」）

Q3. (Stop / Quit / Give up) talking, please.
おしゃべりやめて。

違いを知ろう！

● **stop** は「続けてきたことをやめる」という意味ですが、いままで継続してきた動作・行為を「停止する」ことに重点が置かれます。You are supposed to stop talking when the teacher comes in.「先生が入ってきたら、おしゃべりをやめることになっています」などと使われます。「続けさせない」という意味もあります。類義語には **cease** という語もありますが、「存在しなくなる」というニュアンスの強い語です。したがって、生物の場合は「死ぬ」ことを意味し、無生物や物ごとの場合は「機能しなくなる」ことを意味します。

● 口語の **quit** は「意図的にきっぱりやめる」「活動を取りやめる」と

いう意味です。多くの場合、stop と置き換えが可能です。quit は「やめる」という意志を明確に表す語ですので、「外国語の勉強をやめるよ」は、I'm going to quit studying foreign languages. です。quit には、「放棄する」「仕事などをやめる」「悪習（喫煙など）をやめる」という意味もあり、I'd like to quit smoking, but I just can't kick the habit.「タバコやめたいんだけど、どうしてもきっぱりやめられなくてね」などと使われます。

●また、give up は「習慣などをやめる」「あきらめる」「断念する」という意味で、My father gave up drinking before supper.「父は晩酌をやめた」などと使われます。また、「車を買うのをやめた」は I gave up trying to buy a car. と表現します。この意味では、まだ買うという行動をとっていないので、I gave up buying a car. とは言いません。

違いを覚えよう！

□ **stop** ➡ 続けてきたことを停止する
□ **quit** ➡ 意図的にきっぱりやめる
□ **give up** ➡ （習慣などを）断念する

やめるの関連表現

▶ That's enough, Bill.
▶ （もう十分だ→）やめなさい、ビル。（★相手の行動や発言を制止する時の表現）

▶ I cancelled my trip because my mother suddenly got ill [sick].
▶ 母が急に病気になったので、旅行を取りやめた。

▶ stop doing と stop to do ◀

「～することをやめる」は stop doing と言います。stop to do は「～するために立ち止まる」です。「私はタバコを吸うのを止めた」は I stopped smoking. で、これを I stopped to smoke. と表現すると、「私はタバコを吸うために立ち止まった」という意味になります。混同しないように、注意しましょう。

正解：1. give up　2. quit　3. Stop

41 辞める

retire | resign | quit

? Try it out! ? 文に最も合うのはどれ？

Q 1. My uncle (retired / resigned / quit) as a member of the city council because he was involved in the scandal.
叔父はスキャンダルに巻き込まれて市議会議員を辞めた。

Q 2. My wife (retired / resigned / quit) her job because of (her) illness.
妻は病気で仕事を辞めました。

Q 3. Mr. Yoshida (retired / resigned / quit) at the age of 62.
吉田さんは62歳の定年で仕事を辞めた。

違いを知ろう！

● retire も resign も「辞める」ですが、混同しないよう注意しましょう。**retire** は「（主に）定年で仕事を辞める」「引退する」という意味です。ただし、アメリカでは社会のしくみとして、年齢を理由に退職を強制することが法的に禁じられているので、定年退職の概念がありません。したがって、この retire は日本では「定年退職」の意味で使えますが、アメリカでは不可です。Mr. Smith retired from politics last year.「スミスさんは昨年、政界を引退した」などと使われます。

●「自分の意志で職務・役職を辞する」のは **resign** (from) で、何らかの失敗や健康上の理由などで職を投げ出すという意味です。したがって、Mr. Abe resigned as prime minister in the middle of his

term.「安倍氏は任期半ばで首相を辞めた」のように使われます。
● **quit** も、「自分の意思によって仕事を辞める」「さっさと辞める」を意味します。ただし、resign は「自らの意思で役職を辞める」ことですが、quit は「自らの意思で仕事・職業などを途中で辞める・放棄する」を意味します。I will quit this job this summer and go to the U.S. to study.「今年の夏にこの仕事を辞めて、アメリカへ留学するつもりです」などと使われます。

違いを覚えよう！

□ **retire** ➡ 引退する；定年で仕事を辞める
□ **resign** ➡ 自らの意思で職務・役職を辞する
□ **quit** ➡ 自らの意思で仕事・職業を途中で辞める

辞めるの関連表現

▶ Many students drop out of college for different reasons every year.
▶ 毎年、多くの学生がいろいろな理由で大学をやめます。(★ drop out of college =「大学を中途退学する」)

▶ My younger brother left school last year.
▶ 弟は昨年、学校をやめた。(★ leave school には《英》では「卒業する」の意味もある。leave では辞める理由が不明であるが、quit は一般に自己の意志で辞めることを表す)

▶ His sister was expelled from school.
▶ 彼の妹は学校をやめさせられた。

▶ My sister-in-law gave up her job for family reasons.
▶ 義理の妹は家庭の事情で仕事を辞めた。

▶ The prime minister will step down before the end of his term.
▶ 首相は任期満了前に辞めるだろう。

正解：1. resigned   2. quit   3. retired

42 要求する

| claim | demand | require |

? Try it out! ? 文に最も合うのはどれ？

Q1. The woman (**claimed** / **demanded** / **required**) an apology on the grounds that her boss had insulted her.
上司に侮辱されたという理由で、その女性は謝罪を求めた。

Q2. The old man (**claimed** / **demanded** / **required**) ownership of the estate even though he didn't have a deed.
その老人は、（不動産譲渡）証書がないにもかかわらず、その宅地の所有権を要求した。

Q3. This kind of work (**claims** / **demands** / **requires**) less brawn than brains.
この種の仕事は身体よりも頭が要求される。

違いを知ろう！

●「要求する」の demand は、謝罪や説明、何らかの行為を「強制的に要求する」ことを意味します。権利をもつ者が命令的に（有無を言わせず）要求するというニュアンスがあります。They demanded an answer immediately, but we quickly refused.「彼らは即答を要求したが、我われは即座に拒否した」などと使われます。

●また、claim は、主に金銭の支払いを「当然の権利として要求する」という意味です。この語には、命令的なニュアンスはありませんが、

使用する場合は、それなりの正当な理由が必要になります。His ex-wife claimed a share of her dead husband's property.「彼の前妻は亡き夫の財産の分け前を要求した」などと使われます。このように、この2つの語は、相手に強い態度を示し、当然の権利として何かを主張することでは同じです。ただし、demand が「所有権を主張して、相手がそれを認めるよう強く要求する」ことに対して、claim は「ある事について所有権を主張する」行為そのものを指します。ちなみに、この claim は物ごとや相手のやり方に「クレーム・文句をつける」という意味ではなく、「権利を主張する・要求する」という意味です。

● **require** は、規則や作業の上で必要となるものを要求する、つまり「法規や基準に基づいて要求する」ことです。この語には、This experiment requires a high degree of precision.「この実験には高度な緻密さが要求されます」などと、ある種のルールが前提になっています。

違いを覚えよう！

☐ **claim** ➡ 正当な理由に基づき、当然の権利として要求する
☐ **demand** ➡ 何かを強く要求する
☐ **require** ➡ 法規・基準に基づいて要求する、要求される

要求するの関連表現

▶ You need a good command of English to work in this company.
▶ この会社で働くには、高い英語力が要求されます。

▶ They don't have the nerve to ask for a raise.
▶ 彼らに賃上げを要求する度胸はないよ。

▶ That man is always hitting me up for something.
▶ あの男はいつも私に何かを要求してくるのよ。(★ hit someone up for something =「(人) に (お金など) を借りようとする・要求する」)

正解：1. demanded　2. claimed　3. requires

43 料理する

cook / make

? Try it out! ? 文に最も合うのはどれ？

Q1. "Honey, what's for lunch?" "I'll (cook / make) a ham sandwich for you."
「ねえ、お昼は何？」「ハムサンドイッチを作るわ」

Q2. Who (cooked / made) this meal? It's delicious!
この料理、誰が作ったの？ とっても美味しいわね。

違いを知ろう！

● 「このサラダは私が作ったの」を、I cooked this salad. と言うのは、正しいでしょうか？ 英語では、加熱する料理と加熱しない料理とで、異なる語が使われます。cook は通例、「加熱して料理する」ことを意味する最も一般的な語ですので、火を使わないサンドイッチなどを作る場合には使いません。この語の目的語となるのは、meal、lunch などの食事全体のほか、steak、spaghetti などの具体的な料理名や、fish、potato、pork などの食材名です。

● make は一般に、サラダやサンドイッチなど加熱しないものを「料理する」「作る」場合に使われます。したがって、上の「このサラダは私が料理した（→作った）の」は、I cooked this salad. ではなく、I made this salad. と表現する必要があります。ただし、soup（スープ）には加熱に関係なく make が使われます。

● prepare は、「食事の準備をする・用意をする」ことに焦点が当てられる語です。この語は、下ごしらえする意味にも、調理する意味に

も使われます。少し改まった語ですので、ある程度の準備を必要とする食事を連想させ、食事全体を指す meal や supper などを目的語にとります。
●また、**fix** は「簡単な食事を作る・調理する」を意味する prepare《米》の口語表現です。

違いを覚えよう！

□ cook ➡ 原則として火・熱を使って料理する
□ make ➡ 主に火を使わずに料理する

料理するの関連表現

▶ Oh, it's already five. I have to prepare supper.
▶ あら、もう5時だわ。夕食を作らなくちゃ（→準備しなきゃ）。

▶ My mother fixed me a late-night snack of sandwiches.
▶ 母は夜食にサンドイッチを作ってくれた。

▶ That guy is hard to deal with.
▶ あいつを扱う（→料理する）のは難しいぞ。

▶ cook に含まれる料理法 ◀

bake：パン・ケーキなどを火・オーブンで焼く
barbecue：肉などを（炭火で）焼く
boil：煮る・炊く・茹でる
broil / grill：肉などを直火で焼く、あるいは焼き網・鉄板の上で焼く
deep-fry：たっぷりの高温の油で揚げる（★日本の「天ぷらを揚げる」には、この deep-fry が使われる）
fry：フライ・パン (frying pan [《米》skillet]) を使って油で揚げる、炒める、焼く
roast：天火、あるいは直火で焼く、あぶる、豆などを煎る
stew：（肉を）じっくり煮込む
toast：すでに出来ているパンなどを軽く焼く

正解：1. make 2. cooked

ウォームアップ②
waterの温度は？

日本は水の豊富な国とされています。最近は、ボトルに入ったミネラル・ウォーターが人気のようですが、基本的には日本中どこのホテルや旅館へ行っても、蛇口から勢いよく水が出ますし、レストランに入っても、まず冷たい水が運ばれてきます。

私たちは、レストランなどで出る水を「お冷や」と呼ぶように、日本語の「水」は「冷たい」というイメージを持っています。ところが、英語で水を表すwaterという名詞には、冷たいというイメージがありません。英語では、「水」と「お湯」を区別せず、waterの1語で表すのです。たとえば、I want to take a bath. Is there water in the tub?「風呂に入りたいけど、お湯入ってる?」にも、The water is in the pot.「ポットにお湯が入ってます」にも、同じwaterが使われます。いずれも、状況から判断して、waterが「お湯」であることがわかるので、わざわざhot waterと言う必要がないからです。

ただし、特に「水」と「湯」を区別する必要があるときは、形容詞を付けてcold water、hot waterと言います。コーヒーを入れるお湯は、厳密にはhot waterではなくboiling water（沸騰している水→熱湯）です。外国のホテルで、There's no hot water. Please bring some.「お湯がありませんので、持ってきて下さい」と頼むと、単なるhot waterが運ばれてきて、コーヒーを入れるには十分な熱さがありません。文化の違いを理解するのは、英語学習の重要な部分と言えますね。

Part 2
形容詞・名詞編

01 空いて

empty | vacant | free

? Try it out! 文に最も合うのはどれ？

Q1. I ate everything, so this lunch box is (empty / vacant / free).
ぜんぶ食べたので、この弁当箱は空です。

Q2. The room has been (empty / vacant / free) since our daughter got married.
娘が結婚してから、その部屋はずっと空いてるよ。

Q3. Are you (empty / vacant / free) tomorrow afternoon?
明日の午後は空いてますか？

違いを知ろう！

●日本語の「空いて」には、「空になって」「使わなくなって」「暇で」など、いろいろな意味があります。英語でも、対象や状況に応じて異なる語（句）が使われます。empty は「（入れ物が）空の」「何も入っていない」という意味です。an empty bottle「空瓶」、an empty street「人通りのない道路」などと使われます。

●一方、vacant は本来あるべき場所に物・人が存在せず「空いて」いる状態を指します。「職」「地位」などが空席で「空いて」いる時にも使われます。There was not a single vacant seat at the concert.「あのコンサートでは空席が１つもなかったよ」などと使われます。また、住人のいない「空き家」は a vacant house です。こ

れを an empty house とすると、「ガランとしていて何もない家」を意味します。航空機などで、トイレの表示の「空室」は Vacant ですね。ちなみに、反対の「使用中」は Occupied です。

●また、**be free** は「暇な」状態で、「手がふさがっていない」「時間が空いている」「忙しくない」という意味です。この場合の主語は「人」になります。

違いを覚えよう！

□ empty ➡ 何も入っていない；入れ物が空っぽの
□ vacant ➡ 本来あるべき場所に物・人が存在しない
□ free ➡ 時間が空いている

空いての関連表現

▶ I've got a hole in my sock.
▶ 靴下に穴が空いてしまった。

▶ Do you have a room available for tonight?
▶ 今晩、部屋が空いてますか？（★ホテルのフロントで）

▶ We have an opening for a teacher at our school.
▶ うちの学校では教員のポストが 1 つ空いています。

▶ All seats were occupied at the Big Star concert yesterday.
▶ 昨日のビッグスターのコンサートで、空いている席はなかったわ。

▶ There was enough space [room] between the cars.
▶ 車間は十分に空いていたのです。

▶「この席、空いてますか？」◀

「この席、空いてますか？」を、Is this seat empty? という人がいますが、これは間違いです。Is this seat taken? が適切な訊き方です。この問に対して、「ええ、空いてます」は No, it isn't. で、「いえ、塞がってます」は Yes, it is. です。Yes と No の使い方にも注意しましょう。

正解：1. empty　2. vacant　3. free

02 足・脚

foot / leg

? Try it out! 文に最も合うのはどれ？

Q1. Somebody stepped on my (leg / foot) on the train this morning.
今朝、電車の中で（誰かに）足を踏まれちゃったよ。

Q2. My brother broke his (leg / foot) while skiing last week.
弟は先週、スキーをしていて足を折った。

Q3. The girl has long, beautiful (legs / feet).
その女の子は長くてきれいな脚をしています。

違いを知ろう！

● 日本語では、「足」と「脚」はあまり厳密に区別せずに使われますが、英語では、指す部位によって異なる語が使われます。foot は「足首からつま先までの部分」、つまり「くるぶしより下の部分」を指します。「先週、画鋲を踏んで、いまだに足が痛いよ」は I stepped on the thumbtack last week, and even now I have a sore foot. と表現します。また、「足跡」は a footprint、「足音」は a footstep です。
● leg は「太股の付け根から足首までの部分」を指します。He sometimes crosses his legs during the meeting.「彼は会議中、時々足を組みます」などと使われます。「脚がしびれてしまった」は My feet have gone to sleep. ですが、「しびれた部位」が足首より上

の場合には、leg(s) が使われます。「足がすくんだ」は My legs feel heavy. です。さらに、「息子は昨日、足をくじいた」は、My son sprained his foot yesterday. と表現します。具体的に「足首」と言う場合は foot ではなく ankle です。leg はまた、One of the table legs [feet] is broken.「テーブルの脚が1本こわれている」などのように、「(机やテーブル、椅子の) 脚」をも指します。ご存じのように、Jean Webster の小説『足長おじさん』の原題は *Daddy-Long-Legs* です。ちなみに、日本語でのイカやタコの「足」は an arm です。

違いを覚えよう！

☐ **foot** ➡ 足首から先の部分
☐ **leg** ➡ 足首から上（太股の付け根から足首まで）の部分；机・椅子などの脚部

足の関連表現

▶ She walks slowly. [She is a slow walker.]
▶ 彼女は足が遅い。

▶ My 80-year-old grandfather still walks well.
▶ うちの80歳になる祖父はまだ足が達者です。

▶ This area has no transportation available except trains.
▶ この地域には電車以外に足がないんです。

▶ I had to meet with the lawyer often when I was involved in the lawsuit.
▶ 私はその訴訟にかかわって、たびたびその弁護士のところへ足を運ばなければならなかった。

▶ He has finally quit [given up] his dishonest business practices.
▶ 彼はついに悪徳商法から足を洗った。

▶ Watch your step!
▶ 足元に注意して！（★《英》では Mind your step!）

正解：1. foot　2. leg　3. legs

03 危（あぶ）ない

dangerous | **hazardous** | **risky**

? Try it out! 文に最も合うのはどれ？

Q 1. Taking too many sleeping pills may be (dangerous / hazardous / risky) to your health.
睡眠薬の飲み過ぎは危ないよ。

Q 2. It is (dangerous / hazardous / risky) to walk in these woods alone.
この森を1人で歩くのは危ないですよ。

Q 3. Your business practices are kind of (dangerous / hazardous / risky).
君の商売のやり方はちょっと危ないよ。

違いを知ろう！

● **dangerous** は「危ない」「危険な」を表す最も一般的な語で、危険を引き起こす可能性のあるもの全般について使われます。This river is dangerous to swim in.「この川で泳ぐのは危険だよ」などと言います。

● **hazardous** は「健康に対して害を及ぼす危険性を孕（はら）んでいる」ことで、状況・条件などの危険のほか、特に廃棄物・ガスなど化学物質による危険性を指します。We used to see trucks carrying hazardous chemicals through here.「かつて有害化学物質を運ぶトラックがここを通るのを見かけたものだよ」などと使われます。

● また、**risky** は、人の行為・試みや状況が場合によって危険にな

る、つまり事業・冒険・旅行などが危険な状態になることを表します。Binge drinking at parties is a highly risky behavior.「飲み会での一気飲みは極めて危険ですよ」などと使われます。また、この語には、「敢えて行う」というニュアンスが含まれていますので、「この地域では、こんなに遅く出かけるのは危険ですよ」は、risky を使って It's risky for you to go out that late in this area. と表現します。

違いを覚えよう！

- **dangerous** ➡ 危険な場所・事・行為・人や物ごとなど全般に使われる
- **hazardous** ➡ 健康に対して害を及ぼす危険を孕んでいる（★特に有害化学物質による危険性を指す）
- **risky** ➡ 行為・試みが場合によって危険になる

危ないの関連表現

▶ Look out! There's a car coming!
▶ 危ない！ 車がきたよ！

▶ The doctor said that our grandfather was in critical condition.
▶ 医師によれば、祖父は危篤（→危ない）状態だった。

▶ They say that company is on the rocks.
▶ あの会社は危ないらしいよ。

▶ 何が危ないの？ ◀

The doctor said that our grandfather's condition was dangerous.「医者は祖父（の状態）が危ないと言った」という文に何ら問題はありません。ところが、これを The doctor said that our grandfather was dangerous. と表現すると大変なことになります。これは「祖父は危険（な人物）だ」という意味になってしまうからです。使用には注意が必要です。

正解：1. hazardous　2. dangerous　3. risky

04 誤り・過ち

error / mistake

Try it out! 文に最も合うのはどれ？

Q1. I think that the disaster was caused by human (error / mistake).
その災害は人為的な誤りによって起こったと思います。

Q2. That guy often makes careless (errors / mistakes).
あいつはよく不注意による過ちを犯すよな。

違いを知ろう！

● 「誤り」にも種類によって異なる語が使われます。error は、計算や綴り、道徳上の誤りや判断の間違い、計器の誤差を指し、基準から逸脱した誤りのことです。たとえば、Anybody can make an error of judgment.「誰でも判断の誤りを犯すことはあるよ」などと使われますが、この error には、誤りを犯した人を非難するニュアンスがあります。

● 一方、mistake は、知識・技術の不足や誤解などによる誤り、法則や原則を無視することによる誤りのことです。したがって、「不注意によるミス」「ケアレス・ミス」は a careless mistake で、a careless error とは言いません。「不注意・思い違いなどによる誤り」「判断上の誤り」で、非難のニュアンスはほとんどありません。このように、これら2つの語にはニュアンスの違いがありますが、試験の誤文訂正問題の指示の Correct mistakes [errors], if any.「誤りがあれば、訂正せよ」のように、多くの場合、交換が可能です。

●また、**a fault** という語もあります。この語は、an error と a mistake のいずれとも言い換えが可能で、「(ちょとした) 落ち度・欠点」を表す一般的な語です。性格上の短所や物ごとの不完全さを表し、誤りに対してとる責任に焦点が当てられます。

違いを覚えよう！

□ **error** ➡ 基準から逸脱した誤り
□ **mistake** ➡ 不注意・思い違いによる誤り；判断上の誤り

誤り・過ちの関連表現

▶ Ms. Mintz rarely makes a slip of the tongue.
▶ ミンツさんはめったに言い間違いをしないね。

▶ Our new ALT corrected several grammar problems in my paper.
▶ 新しい語学指導助手は、僕の論文の文法上の誤りをいくつか直してくれた。

▶ You've got the wrong number.
▶ 番号が間違ってますよ。(★間違い電話に対して。wrong =「正しくない」)

▶ I'm sorry. I was wrong.
▶ すみません。私が間違ってました。

▶ If I remember correctly, the woman over there is Mrs. Denver.
▶ 記憶に誤りがなければ、向こうにいる女性はデンバー夫人です。

▶ 今夜はアブナイの ◀

夫やボーイ・フレンドに Are we safe tonight?「今夜は大丈夫？」と聞かれて、「いいえ、今夜はアブナイの」を何と言えばよいでしょうか？ 一般には、No, we are not safe tonight. とか No, it's kinda risky tonight. です。この後に、because I am fertile now. と続けるとベターです。fertile は「(女性が) 妊娠可能な」という意です。ちなみに、「いま生理なの」は、I've got my period.、「生理が始まったの」は I just started my period. です。

正解：1. error　2. mistakes

05 まぎらわしい！

薄い

| thin | weak | light |

? Try it out! ? 文に最も合うのはどれ？

Q1. Once I get drunk, I can't tell the difference between the strong whiskey and water and the (thin / weak / light) one.
酔っぱらうと、濃い水割りと薄い水割りとの区別ができなくなる。

Q2. My father's hair is getting (thin / weak / light) on top.
父の髪は頭のてっぺんが薄くなってきた。

Q3. There's a female student who is always wearing (thin / weak / light) makeup.
いつも薄いメイクをしている女子学生がいます。

違いを知ろう！

● **thin** は「物体の厚さ・濃度・密度などが薄い」ことを意味します。「薄い本」は a thin book、「薄い髪」は thin hair です。I can read this thin book in two hours.「この薄い本なら2時間で読めるよ」とか I like ham cut in thin slices.「僕は薄く切ったハムが好きだ」などと使われます。

● これに対して、**weak** は「（飲み物の味が）薄い・水っぽい」「濃度が希薄な」ことで、「薄い紅茶」は weak tea です。「薄いコーヒーが好きです」は I like weak coffee. ですが、「コーヒーは薄くお願いします」は I'd like my coffee weak. です。前者は習慣として飲むコー

ヒーは薄いのが好きだという意味ですが、後者は友人宅などでコーヒーを勧められて、「(普段と違い) 今日は薄いコーヒーが飲みたい」と伝える時に使われる表現です。ちなみに、日本の喫茶店などでは、メニューに「アメリカン・コーヒー」がありますが、本場のアメリカ合衆国には存在しないコーヒーです。ご存知のように、アメリカのコーヒーは一般に日本の喫茶店で出されるものより薄いので、日本人が薄いコーヒーを勝手にこう呼ぶようになったのです。

●また、light は「色・光などが薄い・淡い」を意味します。「薄い青」は light blue です。My sister likes light green skirts.「妹は薄いグリーンのスカートが好きだ」とか We painted the wall light yellow.「壁を薄い黄色に塗った」などと使われます。また、この light には「酒のアルコール分などが少ない」「食べ物などが軽い、腹にもたれない」、「栄養・脂肪の少ない」という意味もあります。「味の薄いみそ汁が好きです」は、I prefer my miso soup lightly seasoned. と表現します。My wife sometimes drinks a little light beer.「妻は時々、ライト (低アルコールの) ビールを少し飲みます」などと使われます。ちなみに、食品・ラベルなどでは、lite と綴られることもあります。

違いを覚えよう!

☐ **thin** ➡ 物体の厚さ・濃度・密度が薄い
☐ **weak** ➡ 飲み物の味が薄い
☐ **light** ➡ 色・光・アルコール分が薄い

薄いの関連表現

▶ There is very little hope of his success.
▶ 彼の成功の望みはとても薄い。

▶ Many young Japanese have little interest in politics.
▶ 多くの日本の若者は政治への関心が薄い。

正解: 1. weak 2. thin 3. light

06 まぎらわしい！ 嬉しい

happy　glad

❓ Try it out! ❓ 文に最も合うのはどれ？

Q1. I would be (happy / glad) if I could be of any help to you.
少しでもお役に立てれば嬉しいです。

Q2. I'm (happy / glad) to hear that your mother is getting better.
お母さんが快方に向かっていると聞いて嬉しいです。

違いを知ろう！

● happy は喜び・嬉しさ・楽しさなどの高揚した気持ちを幅広く表す語です。特に、機嫌がよくて、楽しい気分を表す時に使われます。I'd happy to help you.「喜んでお手伝いします」とか I'm happy that you are home safe.「あなたが無事に家に帰ってきて嬉しいわ」などと使われます。

● これに対して、glad は特定の出来事によって強い喜び・嬉しさを感じることを表します。たとえば、人にプレゼントをあげて、それが気に入ってもらえると安堵しますね。そんな安堵した気持ちを、glad を使って I'm glad you like it.「気に入ってもらえて嬉しいです」と表現します。この文では、相手がどのように応じるか不安だったので、気に入ってくれて「ホッとした」という気持ちが表されています。この glad を happy で言い換えることはできません。I was glad to hear the news.「そのニュースを聞いて嬉しかった」でも、そのニュー

スを聞いて嬉しい気持ちを表しますので、glad が使われます。ところが、「喜んでお供いたします」は I'd be happy to go with you. です。この場合、お供することでホッとするわけではありませんので、この happy を glad で置き換えることは不可です。ただし、この２つの語は、I'm so happy [glad] to see you again.「またお会いできて嬉しいです」のように、交換が可能な場合も少なくありません。

違いを覚えよう！

- **happy** ➡ 楽しい気分である；幸せな気持ちである（★機嫌がよく、楽しい気持ちを表す）
- **glad** ➡ 特定の原因によって強い喜びを感じる（★安堵した気持を表す）

嬉しいの関連表現

▶ "You passed the test." "Oh, what wonderful news!"
▶ 「君、テストに受かってるよ」「あら、嬉しいわ！」

▶ It was so good to hear from her again.
▶ 彼女からまた便りがあって嬉しかったよ。

▶ Meg, I wish you would help me do the dishes.
▶ メグ、皿洗いを手伝ってくれると嬉しいんだけど。

▶ She was pleased that you said good things about her presentation.
▶ 彼女は君にプレゼンを褒められて嬉しがっていたよ。

▶ 「はじめまして」 ◀

初対面の人に「はじめまして」という意味では、I'm happy to meet you. / I'm glad to meet you. と表現すると教えられましたね。いずれも文法的には問題ありません。ただし、glad には、使う状況を配慮する必要がありますので、注意が必要です。なぜなら、glad を使った後者には（以前からぜひ会いたいと思っていた人に）「ようやく・やっと会えてよかった」というニュアンスが含まれているからです。

正解：1. happy　2. glad

07 美味しい

| delicious | tasty |

Try it out! 文に最も合うのはどれ？

Q1. The food in the restaurant was not (delicious / tasty).
あのレストランの料理は美味しくなかったね。

Q2. Thank you for the (delicious / tasty) meal.
とても美味しいお食事、有り難うございました。

違いを知ろう！

● delicious は（食べ物が）「とても美味しい・とても香りがいい」を意味します。この語はもともと「極めて味がいい」という意味ですので、一般には so delicious とか very delicious などと、so や very を付けません。また、delicious は「褒め言葉」ですので、お客さんに手料理をご馳走して、Is this meal delicious?「この料理、美味しいですか？」と疑問文では使いません。また、お店で注文したケーキを This chocolate cake is not delicious.「このチョコレート・ケーキは美味しくないわ」などと否定文でも使いません。疑問文や否定文では、一般に delicious の代わりに good や sweet が使われます。

● 一方、tasty という形容詞は、「美味しい」ですが、「味覚を楽しませてくれる」「風味のきいた」という意味です。ただし、この語は、通常、塩味などで味のよい料理に使い、デザートなどの甘いものにはあまり使いません。甘い物が「美味しい」には、delicious や good が一般的です。いずれにしても、delicious と tasty の混同を避けるために、delicious は1語で「とても美味しい」を表すと覚えましょう。

●また、「とても美味しい」「食欲をそそるような」を意味する語には、**appetizing** もあります。Is this cake really good? It doesn't look very appetizing. 「このケーキ、本当においしいんですか？ 見た目にはさほど美味しそうに見えないですが」などと使われます。**good** や **nice** は「味・香りなどがいい」を意味する最も一般的な語ですが、多くの場合 delicious や tasty と置き換えも可能です。

違いを覚えよう！

- **delicious** ➡ 食べ物の味や香りが飛び抜けて良い
- **tasty** ➡ 食べ物の風味が良い

美味しいの関連表現

▶ What do you think is the best?
▶ 何が一番美味しいと思いますか？（★レストランにて）

▶ What is good today?
▶ 今日は何が美味しいですか？（★レストランにて）

▶ You should be careful about an offer which sounds too good.
▶ おいしい話には気をつけなさいよ。

▶ I've never eaten anything so dee-lish.
▶ こんな美味しいものを食べたことがありません。（★ dee-lish は delicious を短縮して発音どおりに綴った語で、くだけた口語表現。delish、deelish とも綴る）

▶ I had the yummiest meal at that restaurant last month.
▶ 先月、あのレストランで、すごくおいしい料理を食べたよ。（★ yummy はくだけた口語で、「とても美味しい」）

正解：1. tasty　2. delicious

08 大きい

big / large

? Try it out! ? 文に最も合うのはどれ？

Q 1. I've never heard such a (big / large) lie before.
いままでに、そんな大きなウソを聞いたことないよ。

Q 2. There was a (big / large) fire last month in this town.
先月、この町で大きな火事があったんです。

Q 3. New York has a (big / large) population.
ニューヨークは人口が多い。

違いを知ろう！

● 「大きい」を表す語には big と large があることはご存じですね。でも、その使い分けとなると、あいまいな方も多いのでは？ big は、形・数量・問題・建物などの規模が大きい、つまり「程度や重要度が大きい」ことで、主に主観的判断に基づきます。たとえば、a big salary「高給」、a big mistake「大きな誤り」、a big eater「大食いの人」、a big hit「大ヒット」などは程度を表しますので、これらに large は使えません。

● large はサイズ・広さ・面積などが（同種の物と比較して）大きいことで、客観的判断に基づきます。Texas is one of the largest states in the U.S.「テキサスはアメリカで最も大きな州の１つです」などと使われます。

● では、He made a large mistake. と He made a big [huge] mistake. はどちらが正しいでしょうか？ そう、後者が正解です。前述したよ

うに、large は物理的に広さやサイズが大きいことを指すのに対して、big は物理的な大きさではなく、数量や問題などの程度・内容の大きさを表すからです。「多きいサイズのコーラ」「大きなお城」はそれぞれ、a large Coke、a large castle で、large が使われます。

違いを覚えよう！

- □ **big** ➡ 形や程度・重要性などが感覚的に大きい（★主観的判断に基づく）
- □ **large** ➡ 形や数量、広さやサイズが大きい（★比較・客観的判断に基づく）

大きいの関連表現

▶ The earthquake did a great deal of damage to this country.
▶ その地震はこの国に大きな被害をもたらした。（★ great deal of =「規模・程度がとても大きい」）

▶ This town has a huge sports dome.
▶ この町にはすごく大きい（スポーツ・）ドームがあります。（★ huge =「巨大な」、やや誇張して使われる）

▶ It's none of your business. / Mind your (own) business.
▶ 大きなお世話だ。

▶ Don't be so proud (of yourself)!
▶ 大きな顔をするな！

▶ That guy is an arrogant man.
▶ あいつは態度が大きいな。

▶ You shouldn't speak so loudly here.
▶ ここではそんな大きな声で話さないでください。

正解：1. big 2. big 3. large

09 面白い

interesting | **funny**

? Try it out! 文に最も合うのはどれ？

Q1. His jokes are very (interesting / **funny**).
彼のジョークはとっても面白いね。

Q2. This book has many (**interesting** / funny) ideas.
この本には面白いアイディアがたくさんあるよ。

違いを知ろう！

●学期末に学生に授業の感想を書かせると、「牧野教授はとても面白おかしい先生です」のつもりで、Professor Makino is a very interesting teacher. と書く学生が少なくありません。この文、ネイティブ・スピーカーには奇異に響きます。なぜならば、**interesting** は「知的な興味や関心を引く」から「面白い」ので、「面白おかしい」とは関係がないからです。この語は、議論・書物の内容、新聞の記事、理科の実験などが「興味を抱かせる」「関心を起こさせる」ことです。この文を Professor Makino's classes are interesting.「牧野教授の授業は面白い」とすれば自然になります。しかし、ユーモアがあり、ジョークでいつも笑いを誘う面白い教授という場合は、Professor Makino is a funny teacher. が正しい表現ということになります。

●つまり、**funny** は「滑稽な」「おかしく笑いを誘う」という意味です。interesting は This novel is very interesting.「この小説はとても面白いよ」、funny は Tom is quite a funny guy.「トムはとっても面白いヤツだ」などと使われます。

面白い

違いを覚えよう！

- interesting ➡ 知的な興味や関心を引く
- funny ➡ 滑稽でおかしく笑いを誘う

面白いの関連表現

▶ This new comic book is very amusing.
▶ この新しいマンガはとても面白いよ。(★ amusing =「愉快な；楽しい；人を楽しませる」)

▶ I had a very good time at the party last night.
▶ 昨夜のパーティーは面白かったよ。

▶ My family and I had a lot of fun on the hike last weekend.
▶ 先週末の家族とのハイキングはとても楽しかったよ。

▶ I've lost interest in learning English.
▶ 英語の勉強が面白くなくなったよ。

▶ His new book is entertaining and instructive.
▶ 彼の新著は面白く、かつためになります。(★ entertaining =「(演劇・音楽などが)楽しめる」)

▶ Park golf is a lot of fun.
▶ パークゴルフはとても面白いよ。(★ fun は、人を喜ばせたり、笑わせたりするものすべてに使われる)

▶ That professor's lectures are boring.
▶ あの教授の講義は面白くない。

▶ Did Dr. King's speech appeal to you last night?
▶ 夕べのキング博士の講演は面白かった？

▶ I really enjoyed that singer in concert.
▶ あの歌手のコンサートはとても面白かったよ。

正解：1. funny　2. interesting

10 会社

company | office | firm

? Try it out! ? 文に最も合うのはどれ？

Q1. Jesse works for a law (company / office / firm).
ジェシーは法律事務所で働いています。

Q2. My husband is still at the (company / office / firm).
夫はまだ会社にいます。

Q3. My daughter works for a trading (company / office / firm).
娘は商事会社で働いています。

違いを知ろう！

● 「夫は毎日、(仕事で) 会社へ行きます」をどのように英訳しますか？ My husband goes to the company every day. ではありません。なぜなら、**company** は元来、「人間の集まり」を意味し、「雇用関係」を強く意識する「会社という組織」のことで、物理的な場所という概念はありません。したがって、上の日本文は My husband goes to work every day. が適切です。また、company の前に業務内容を示す語を付けると、「～を作っている・売っている会社」の意味になります。My son works for a food-processing company in Sapporo.「息子は札幌の食品加工会社に勤めています」などと使われます。また、「入社する」は join the company で、enter the company は不可です。
● **office** は、company と異なり、「仕事をする場所」という意味です。

つまり、建物や建物の一部を指し、物理的に働く場所のことで、一般に「職場」「事務所」を意味します。the doctor's office は「診療所」、the manager's office は「支配人室」です。

●また、**firm** は一般に、比較的規模の小さい会社や事務所のことですが、法律、金融、調査などを目的とする会社を指すことが多いようです。How many people work for your advertising firm?「君の広告会社では何人が働いてるんだい？」などと使われます。ちなみに、「叔父はこの会社を15年前に作った」は、My uncle started this company fifteen years ago. で、office は使われません。

違いを覚えよう！

□ **company** ➡ 会社という組織、〜の会社
□ **office** ➡ 仕事場としての会社（★「職場」「事務所」を意味する）
□ **firm** ➡ 法律・金融などを扱う小規模な会社

会社の関連表現

▶ When did you leave your job?
▶ いつ会社をお辞めになったんですか？

▶ There are several publishing houses in this area.
▶ この地域にはいくつかの出版社があります。

▶ 「招かれざる客」を英語で言うと？ ◀

少し古い映画ですが、シドニー・ポワチエが主演した『招かれざる客』(1967) をご覧になった方もいらっしゃると思います。原題は、*Guess Who's Coming to Dinner* です。直訳は「夕食に誰が来るか当ててごらん」です。邦題が映画の内容から付けられる例は珍しくありませんが、これもその1例です。実にすばらしい邦題だと思いませんか？ ちなみに、「招かれざる客」は一般に、an unexpected guest とか an uninvited guest と表現されます。

正解：1. firm　2. office　3. company

賢い

clever　smart　wise

? Try it out! 文に最も合うのはどれ？

Q1. You made a (clever / smart / wise) choice.
君は賢い選択をしたね。

Q2. There are college students who have some really (clever / smart / wise) ideas.
大学生の中には、素晴らしく機転の利いたアイディアをもっている者がいる。

Q3. That's not a (clever / smart / wise) move.
それは賢いやり方じゃないな。

違いを知ろう！

● 「賢い」と言えば、cleverを使う方が少なくありませんが、他にsmartやwiseもあります。これらの使い分けを正しく覚えて、「賢く」なりましょう。cleverは、創造的あるいは革新的なアイディや言動から「機転の利いた、頭の回転が速い、聡明で洗練された」を意味します。She is not clever enough to be able to do something like that.「彼女はそんなことができるほど賢くないよ」などと使われます。ただし、「ずる賢い」「抜け目ない」というニュアンスもありますので、使用には注意が必要です。イギリス人はこのcleverをよく使いますが、アメリカ人はあまりを使わず、代わりにsmartを多く使うようです。
● smartは「物覚えがよく、問題を理解・解決する能力がある」と

いう意味で、Many smart people attended the conference.「たくさんの賢い人が会議に出席しました」などと使われます。なお、このsmartに、日本語での「格好いい」「スマート」の意味はありません。
●wiseは、必ずしも頭の良い・悪いとは関係なく、知識と経験に基づいて思慮分別のある、つまり「正しい理解力と判断力に富んでいる」という意味です。したがって、「あの少女は賢い」をThat girl is wise.と訳すのは不自然です。wiseは「年齢を重ね、経験を積んで、物事を正しく判断できる」という意味ですので、子どもには不適切だからです。上の日本文は、That girl is smart.が適切です。このwiseは多くの場合ほめ言葉として使われますが、smartやcleverは皮肉など否定的に使われる場合もあります。
●また、「賢い」を表す語にはbrightという語もあります。一般に子どもや生徒の「成績がよい」ことを示す時に使われます。なお、「(生まれつき)知能が高い」ことを表す場合には、intelligentが使われます。

違いを覚えよう！

□ **clever** ➡ 頭の回転が速く、聡明で洗練されている（★「ずる賢い」というニュアンスもある）
□ **smart** ➡ 物覚えがよく、問題を理解・解決する能力がある
□ **wise** ➡ 知識や経験により物事を正しく判断できる；思慮分別に富む

賢いの関連表現

▶ It seems that she's gained some wisdom since we saw her last.
▶ 彼女はこの前会った時よりも、いくぶん賢くなったようだ。

▶ Listening to his press conference, you can tell the president is very sharp.
▶ 記者会見を聞くと、大統領がとても切れ者である（→賢い）ことがわかります。

正解：1. wise　2. clever　3. smart

12 汚い

dirty | **messy** | **filthy**

? Try it out! 文に最も合うのはどれ？

Q1. Don't come into my room, please. It is very (dirty / messy / filthy).
私の部屋に入らないで、お願い。すっごく汚い（散らかってる）から。

Q2. The boys were (dirty / messy / filthy) after playing in the mud.
男の子たちは泥んこ遊びの後、とても汚れていた。

Q3. My boy's clothes get very (dirty / messy / filthy) every day.
息子の衣服は毎日とても汚くなります。

違いを知ろう！

● My room is dirty.「汚い部屋ですが…」は、どのように汚い状態を指すと思いますか？ ネイティブ・スピーカーがこれを聞くとビックリして、立ち寄らないこと間違いなしです。なぜ？ これでは、何週間も何か月間も掃除されてなく、床は埃や泥だらけ、壁や天井には蜘蛛の巣が張り、ゴミ箱にはゴミがあふれて、悪臭を放つ部屋を想像するからです。つまり dirty は、ゴミ・ほこり・泥などで表面が汚れている状態を指す最も一般的な語です。さらに、「卑猥な」「猥褻な」という意味もあり、言葉や態度などについても使われます。Don't use dirty words like that.「そういう汚い言葉を使ってはけません」とか

You dirty, old man.「このスケベおやじ」などと使われます。

● **messy** は、部屋に衣類や書類、紙くずなどが散乱して、「乱雑な」「散らかった」状態を指します。つまり、物が散らばっていて、整理整頓されていない状態のことです。したがって、「汚い部屋ですが」には My room is a bit messy. が適切です。手紙の最後に書く「乱筆をお許しください」も messy を使って、Please excuse my messy writing. と表現します。

● また、**filthy** は、dirty よりも強い意味をもち、「不快な感じが強い」「胸が悪くなるほど汚い」「不潔な」という意味です。泥や垢にまみれた衣服、長い間清掃していない部屋や台所などを指す時に使われます。ただし、dirty は messy や filthy と交換可能な場合も少なくありません。

違いを覚えよう！

□ **dirty** ➡ 部屋・衣服・言葉などが汚い（★「汚い」を表す最も一般的な語）
□ **messy** ➡ 散らかった；整理整頓されていない
□ **filthy** ➡ 胸が悪くなるほど汚い；不潔な

汚いの関連表現

▶ The pollution in this river is pretty foul.
▶ この川の汚れはかなりひどいな。（★ foul =「悪臭がしてひどく不潔な」）

▶ She is very stingy with her money.
▶ 彼女はお金にはとても汚いよ。

▶ Muslims regard the left hand as unclean.
▶ イスラム教徒は左手が汚いと考えている。（★この unclean は、「宗教的・道徳的に不浄な」という意味）

▶ His business is shady.
▶ あいつの商売のやり方は汚いな。

正解：1. messy　2. filthy　3. dirty

13 厳しい

strict　severe　stern

? Try it out! ? 文に最も合うのはどれ？

Q 1. One of the interviewers gave ma a (strict / severe / stern) look.
面接官の一人は厳しい表情で私を見た。

Q 2. Our new teacher is (strict / severe / stern) with English grammar.
新しい先生は英語の文法にきびしい。

Q 3. His parents gave him a (strict / severe / stern) punishment.
彼の両親は彼に厳しい罰を与えた。

違いを知ろう！

●① The teacher is very strict with us. と② The teacher is very severe with us. はいずれも、「あの先生は私たちに厳しい」という意味ですが、これら2つの文の違いがわかりますか？ **strict** は、従うべき規則に関する厳しさ・厳格さを指します。この語は、特に親や教師による躾や規則などをしっかり守らせる厳しさを指します。ただし、好ましいイメージとしての「厳格な」という意味があります。「厳しい規則」「（時間などに）厳格な職場」はそれぞれ、strict rules、a strict workplace です。この strict は severe と置き換えることはできません。したがって、①は「あの先生は（規則などに関して）私たちに厳格である」という意味になります。

厳しい

● severe は、法律・規則などの権威による罰則の厳しさのことです。つまり、何かをした時の落ち度や逸脱を「許さない」「評価・報いなどが厳しい」「辛辣な」という意味です。したがって、②は「あの先生は（私たちが何か悪いことをした時に）私たちへの対応が厳しい・私たちに辛くあたる」という意味になります。また、severe は天候の厳しさを表す時にも使われます。「冬の厳しい寒さ」は、the severe cold of winter です。

● stern は、strict より厳しく、「情け容赦のない」「（命令・扱いが）厳しい」「妥協を許さない」という意味で、時には恐れを感じさせるような厳しさを指します。Why do we have so many stern-looking professors at our university?「この大学には、なんで厳しい顔をした教授がそんなに多いんだろう？」などと使われます。

違いを覚えよう！

□ strict ➡ 躾（しつけ）や規則に厳格な（★規則などを厳正に守る厳しさ）
□ severe ➡ 罰則が厳しい；非情な；辛らつな
□ stern ➡ 人が厳格である；妥協を許さない；いかめしい

厳しいの関連表現

▶ Our economic situation is getting worse and worse.
▶ わが国の経済状況はだんだん厳しくなっている。

▶ February is the coldest month in this area.
▶ この地方で寒さが一番厳しいのは 2 月です。

▶ You have to make a clear distinction between these two.
▶ これら 2 つを厳しく区別すべきだ。

▶ The rigorous training led to his injury.
▶ 厳しい訓練で、彼はケガをした。

正解：1. stern　2. strict　3. severe

14 客

| guest | customer | visitor | client |

? Try it out! ? 文に最も合うのはどれ？

Q1. Very few female (guests / customers / visitors / clients) come to this store.
この店には女性客はほんのわずかしか来ません。

Q2. This hotel has many returning (guests / customers / visitors / clients).
このホテルにはリピーターが多いですね。

Q3. This island gets a number of (guests / customers / visitors / clients) from all over the world.
この島には世界中からたくさんの観光客が訪れます。

Q4. I've never seen any (guests / customers / visitors / clients) go into Kellerman's law office.
ケラーマン法律事務所に客が入って行くのは見たことがないね。

違いを知ろう！

●日本語では「客」1語であらゆる種類の客を表しますが、英語では出向く場所や用向きによって使い分けが必要です。**guest** は一般に、家庭やパーティーへの招待客やホテルの宿泊客、(ラジオ・テレビ番組への) 特別出演者・ゲストのことです。Fortunately, we've had many guests these days.「おかげさまで、最近は多くのお客様に来ていただいております」は、ホテルの経営者などが使う表現です。

● **customer** は、商店などで「物やサービスを購入する客」のことです。Nowadays, Japanese are the most frequent customers of this airline. は「近ごろ、この航空会社を最も頻繁に利用しているのは日本人のお客様です」です。ちなみに、「お客様は神様です」は、The customer is always right. と表現します。

● **visitor** は観光や仕事などを目的にする訪問客のことです。絵画や書の展示会場の入り口に置かれている「来客名簿」は visitors' book です。また、No Visitors《掲示》は「面会謝絶」を意味します。なお、**client** は主に（弁護士など）専門職への「依頼主」「顧客」のことです。

違いを覚えよう！

- [ ] **guest** ➡ 招待客、ホテルの宿泊客、（放送などに出演する）ゲスト
- [ ] **customer** ➡ 物やサービスを購入する客
- [ ] **visitor** ➡ 観光・商用などで訪れる訪問客
- [ ] **client** ➡ （主に専門職への）依頼主・顧客

客の関連表現

▶ Sir [Madam], your change!
▶ お客さん、お釣りですよ！（★店員などがお客に対して）

▶ That comedian's show always draws many spectators.
▶ あのコメディアンのショーにはいつも観客（→お客さん）が多いね。
（★ spectator =「（スポーツや催し物などの）観客」）

▶ The number of passengers who have no manners has increased.
▶ マナーの悪い乗客が増えましたね。（★ passenger =「乗客」）

正解：1. customers　2. guests　3. visitors　4. clients

15 給料

salary wages pay

? Try it out! 文に最も合うのはどれ？

Q1. He can get better (salary / wages / pay) elsewhere.
彼なら他ではもっと給料がもらえるよ。

Q2. The directors of the company get a (salary / wages / pay) of $100,000 a year.
その会社の部長たちは1年に10万ドルの給料を得ている。

Q3. The nurses have kept demanding higher (salary / wages / pay).
看護師たちは賃上げを要求し続けている。

違いを知ろう！

●「給料」というと、一般にはサラリー (salary) を思い出しますが、労働体系や支払いの種類によって異なる語が使われます。**salary** は、会社員や専門職など、常勤の労働者に支払われる固定給・定額賃金（年俸・月給・週給）のことです。ちなみに、「サラリーマン」は和製英語なので、英語では salary man や salaried man ではありません。an office worker、a company employee、あるいは a salaried worker が正しい表現です。

● **wages** は、労働に対して支払われる時給・日給・週給のことです。働いた分だけ支払われる賃金のことで、主としてアルバイトや臨時労働などに使われます。このような従業員のことを a wage worker [earner] とも言いますが、wage という語の響きがよくないとして、代わりに **income** を使うネイティブ・スピーカーも少なくありません。また、年俸制で支払われる野球選手やサッカー選手の給料も salary ですが、プロゴルファーなどが試合で勝って得た賞金は、income と言います。

● **pay** は、給料・給与・賃金などあらゆる種類の給料を表す一般的な語で、I don't like this job, but the pay is good.「この仕事は好きじゃないけど、給料はいいんだよ」などと使われます。

違いを覚えよう！

□ **salary** ➡ 週給・月給・年俸（★常勤の労働者に対する給料）
□ **wages** ➡ 時間給・日給（★特に臨時労働者に対する給料）
□ **pay** ➡ 給料・給与・賃金を表す一般的な語

給料の関連表現

▶ My husband brings home the bacon.
▶ 夫は給料を家に入れてくれます。（★ bring home the bacon は口語で「生活費を稼ぐ」「生計を立てる」という意味）

▶ Mr. Beatty is on the payroll of two companies.
▶ ビーティーさんは2つの会社から給料をもらっている。（★ on the payroll は「給料支払簿に載って」という意味）

▶ salary の語源は？ ◀

古代ローマでは、salt（塩）は貴重な品でしたが、兵士に給料の一部として与えられました。後に、salt が一般に市販されるようになると、塩を買うのに必要な salarium（塩手当：塩を買うための給与金）が支払われるようになりました。これが、salary「給料」の始まりとされています。また、be worth one's salt（自分の塩に値する）というイディオムは、「給料に恥じない働きがある」「尊敬に値する」という意味です。

正解：1. pay 2. salary 3. wages

16 濃い

thick　strong　dense

❓ Try it out! ❓ 文に最も合うのはどれ？

Q1. Please don't make my whiskey and water too (thick / strong / dense).
私の水割りはあまり濃くしないでください。

Q2. This new encyclopedia is (thick / strong / dense) with information.
この新しい百科事典は中身が濃い（→情報がいっぱい詰まってる）よ。

Q3. The soup his wife served was too (thick / strong / dense).
彼の奥さんが出してくれたスープは濃かったね。

違いを知ろう！

● 「濃い」を表す thick と strong は極めて似ていますので、混同しないよう注意が必要です。**thick** は、通常、スープなどの液体や気体の濃度が高いことを意味します。この語には、「他人よりも血族のほうが頼りになる」という意味の諺、Blood is thicker than water.「血は水より濃し」にもあるように、「どろっとしている」というニュアンスがあります。つまり、凝縮されていたり、多量のものが1箇所に集まっていたりする状態のことです。I had thick hair when I was young.「僕だって、若い頃は髪が濃かったんだぞ」などのように、「髪」や「化粧」にも使われます。

● **strong** は食べ物の味が濃い、香り・風味がきつい、あるいはお茶やコーヒーが濃い、酒類のアルコール分が高いことなどを意味します。Here, Scott, some strong coffee will help sober you up.「さあ、スコット、この濃いコーヒーを飲んだら酔いがさめるぞ」などと使われます。

● **dense** は霧や煙、ガスなどの密度が濃いことや、人や物がすき間なく詰まっている状態を指します。つまり、内容物の密度が濃いことで、「濃密な」「中身の濃い」という意味です。dense forest（密林）、dense crowd（たいへんな人込み）、clouds（厚い雲）などと使われます。ただし、「霧が濃い」には dense の代わりに thick が使われることもあります。

違いを覚えよう！

□ **thick** ➡ 液体や気体の濃度が高い
□ **strong** ➡ 食べ物の味が濃い；茶・酒などの風味がきつい
□ **dense** ➡ 内容物の密度が濃い

濃いの関連表現

▶ Sue doesn't have to put on heavy makeup.
▶ スーは濃い化粧（→厚化粧）をする必要がないよね。

▶ I like full flavors.
▶ 私は濃い目の味が好きです。

▶ My mother's suit is dark brown.
▶ 母のスーツは濃い茶色です。

▶ That was a very informative discussion.
▶ あれは中味の濃い話し合いだったよ。

▶ It began to look more certain that our team would lose.
▶ 我がチームの敗色が濃くなってきたね。

正解：1. strong　2. dense　3. thick

17 才能・能力

ability | **capacity** | **talent** | **faculty**

? Try it out! 文に最も合うのはどれ？

Q 1. I think Mr. Narita has the (ability / capacity / talent / faculty) to cope with any problem.
成田さんにはどんな問題でも処理できる能力があると思います。

Q 2. Stacy has a/an (ability / capacity / talent / faculty) for understanding other's problems.
ステイシーには人が抱える問題を理解する能力がある。

Q 3. Steve has a/an (ability / capacity / talent / faculty) for music.
スティーブには音楽の才能があるね。

Q 4. My grandfather is losing his (ability / capacity / talent / faculty) to speak.
祖父は言語能力（→言語機能）が衰えつつあります。

違いを知ろう！

● ability は、人がある事を立派に成しうる知的・肉体的な能力のことです。他方、capacity は、主に生得的に備わっている処理能力、適応能力、外国語や楽器を習得する潜在能力を指します。たとえば、言語の習得では、「（母語を）話す」という先天的な能力は capacity で、学習・教育によって身につく「書く」という後天的な能力は ability ということになります。

才能・能力

● ability は、This is a job beyond my abilities.「これは私の能力ではできない仕事です」のように「実際に物ごとを処理できる能力」を表します。capacity は、That large hall has a capacity of 3,500.「あの大ホールの収容能力は 3,500 人です」のように「物がもつ潜在的な可能性を含む能力」を含みます。これら 2 つの語の違いは、ability が人の能力のみを指すのに対して、capacity は人と物の両方の能力を指すことです。

● talent は、訓練などによって高まる特殊な分野の才能のことです。もって生まれた能力に加えて、努力によってさらに高められる芸術や音楽、体育などの才能を指します。ちなみに、「テレビ・タレント」という語は和製英語で、TV personality が適切です。また、「タレント弁護士・教授・議員」は an entertainer-turned lawyer / professor / Diet member で、「タレント・ショップ」は a personality's shop です。

● 「才能・能力」には faculty もあり、先天的・後天的に備わった特殊な知的能力や才能、生活する上での如才なさなどを指します。She has a faculty for making her friends happy.「彼女には友達を楽しませる才能があるね」などと使われます。

違いを覚えよう！

☐ **ability** ➡ 物ごとを成し得る知的・肉体的能力
☐ **capacity** ➡ 人・物がもつ潜在的な可能性を含む能力（★受容力・収容力などの潜在力を含む）
☐ **talent** ➡ 生まれつきの特殊な分野（特に芸術分野）の能力・才能
☐ **faculty** ➡ 先天的・後天的に備わった特殊な知的能力や才能

送るの関連表現

▶ Randy has a gift for painting.
▶ ランディには生まれつき絵の才能があるね。（★ gift =「天賦の才能」）

正解：1. capacity　2. faculty　3. talent　4. ability

18 まぎらわしい！ 仕事

work | job | task | labor

? Try it out! ? 文に最も合うのはどれ？

Q1. He wants to return to (work / job / task / labor) next year.
彼は来年、復職したいと思っている。

Q2. She used to sleep on the (work / job / task / labor).
彼女は仕事中によく居眠りをしたものだ。

Q3. I was given the (work / job / task / labor) of weeding the garden.
私は庭の草取り（仕事）を課せられた。

Q4. I don't think this manual (work / job / task / labor) is beneath me.
この力仕事は僕に値する仕事ではないと思うんだよ。

違いを知ろう！

● work は、収入の有無に関わらず、「仕事」を指す一般的な語です。職業や勤務だけでなく、労働・作業・任務・勉強などに幅広く使われます。この語は不可算名詞なので、冠詞をつけず、複数形にもせず、I have a lot of work to do.「僕にはやるべき仕事がたくさんある」などと使われます。

● job は、一定期間、収入を得る目的で従事する決まった内容のある具体的な仕事のことで、一般に「職」「勤め口」を意味します。It's getting harder to get a full-time job.「常勤の仕事を得るのは段々難しくなっています」などと使われます。

●また、task は、割り当てられた仕事、課せられた任務で、特に技術を必要とする難しい仕事という意味合いがあります。Raising children is not an easy task.「子育てはやさしい仕事ではない」などと使われます。

●さらに、labor は、肉体的・精神的に骨の折れるつらい仕事を指す時に使われます。Moving this desk by myself is a real labor [chore].「この机を1人で動かすのはひと仕事だ」などと言います。

違いを覚えよう！

- [ ] work ➡ 収入の有無にかかわらず労働・任務を指す一般的な語
- [ ] job ➡ 収入をともなう具体的な仕事
- [ ] task ➡ 割り当てられた仕事；課せられた任務；技術を要する難しい仕事
- [ ] labor ➡ 肉体的・精神的に骨の折れるつらい仕事

仕事の関連表現

▶ He is a workaholic.
▶ あいつは仕事の虫だな。

▶ My brother is out of work now.
▶ 兄はいま失業中です。

▶ I'm sure Mr. Lindgren's business will do well.
▶ リンドグレン氏の商売（→仕事）はうまくいくと確信しています。

▶ My sister chose teaching for her career.
▶ 妹は教職を生涯の仕事に選んだ。

▶ Let's call it a day.
▶ 今日はこれで（仕事を）打ち切ろう。（★call it a day は「（仕事などを）切り上げる」という意味の決まり文句）

正解：1. work 2. job 3. task 4. labor

19 静かな

| quiet | still | silent | calm |

? Try it out! 文に最も合うのはどれ？

Q 1. After the fish jumped, the water was (quiet / still / silent / calm).
魚が跳ねた後の水は静かだった。

Q 2. After hearing the terrible news, the entire room fell (quiet / still / silent / calm).
その恐ろしい知らせを聞いて、部屋全体がシーンと静かになった。

Q 3. Mary is very (quiet / still / silent / calm), but her sister is quite talkative.
メアリーはとても物静かだけど、彼女の妹はとてもおしゃべりよ。

Q 4. The ocean is (quiet / still / silent / calm) today.
今日は海が静かだね。

違いを知ろう！

● **quiet** は、「静かな」を広く表す最も一般的な語で、騒音や騒ぎがなく、ひっそりとして静かな状態のことです。Your car is very quiet.「君の車（のエンジン音）は静かだね」などと使われます。ちなみに、「静かにしなさい」は Be quiet! です。単に Quiet! と言うこともあります。Keep quiet!「静かにしていなさい！」もよく使われます。ただし、keep は「ある状態を保つ」ことですので、Keep quiet! は、騒々しくしている人には使えません。

● still は、水・風などが一時的に動きのない「シーンとした」状態や人が動かずに「じっとしている」状態で、主に「動き・動作の静けさ」を表します。As soon as the teacher appeared, the classroom became still.「先生が姿を現すと、教室は静かになった」などと使われます。また、motion picture「《米》映画」に対して、still picture（静止した写真）→「スチール写真」という言葉があります。

● silent は、人が沈黙している状態や、音や声が聞こえない静かな状態のことで、主に「音量の静けさ」を表します。When a strange man came in, the room fell silent all at once.「見知らぬ男が入ってきた時、部屋はとたんにシーンと静かになった」などと使われます。

● さらに、calm は、静かで穏やかな状態を表し、波のない海とか、風のない天候、落ち着いた社会情勢のことです。また、calm と quiet はともに人を形容しますが、calm は「冷静で穏やかな」ことで、「寡黙な」を意味する quiet とはニュアンスが異なります。

違いを覚えよう！

□ quiet ➡ よけいな音や騒音、騒ぎがなく、ひっそりとした静かな状態
□ still ➡ 音も動きもなく静まり返った状態、人や物が静止している状態
□ silent ➡ 全く声や物音がしない静かな状態
□ calm ➡ 静かで穏やかな状態（★もともと天候の穏やかなことを表す語）

静かなの関連表現

▶ Will you shut up and listen to me!
▶ 君たち、静かにして、人の話を聞きなさい！

正解：1. still　2. silent　3. quiet　4. calm

20 習慣・慣習

habit / custom / convention

? Try it out! 文に最も合うのはどれ？

Q 1. We don't have the (habit / custom / convention) of tipping in this country.
この国にはチップの習慣がありません。

Q 2. It's not good to ignore traditional social (habits / customs / conventions).
伝統的な慣習を無視するのはよくないよ。

Q 3. My husband tried in vain to break that bad (habit / custom / convention).
夫はその悪い習慣（→癖）を直そうとしたがムダだった。

違いを知ろう！

● **habit** は、主に個人の習慣や癖のことです。幾度となく同じことを繰り返しているうちに、無意識にその行為を行うようになることを意味します。I've gotten into the habit of listening to music in bed at night.「夜になるとベッドで音楽を聴く習慣（→癖）がついてしまった」などと使われます。

● また、**custom** は、大勢の人々が長年にわたって行ってきた社会的な慣習・しきたりのことです。They have the custom of exchanging Christmas cards, but we exchange New Year's cards.「彼らにはクリスマス・カードを出し合う習慣がありますが、我われ

は年賀状を出し合います」などがその例です。ちなみに、customを使った諺には、So many countries, so many customs.（国の数だけ習慣がある）→「所変われば品変わる」があります。ただし、custom は、It is my custom to have a glass of wine before going to bed.「寝る前にワインを1杯飲むのが私の習慣です」のように、意識的に繰り返される個人的な習慣を表すことも少なくありません。

● **convention** はもともと「集まること」という意味で、「伝統的に確立された習慣・慣習」「因習」のことです。Some naming conventions in Japan include adding the word for child "ko" at the end of a girl's name.「日本の名付けでは、女の子の名前の最後に（子供を意味する）"子"という字を付ける慣習もある」などと使われます。

違いを覚えよう！

□ **habit** ➡ 主に個人の習慣；習慣的行為；癖
□ **custom** ➡ 長期にわたって行われてきた社会・集団・地域の習慣；しきたり
□ **convention** ➡ 伝統的に確立された習慣；因習；決まり

習慣・慣習の関連表現

▶ I have taken to having [taking] a nap after lunch.
▶ 昼食後に昼寝をする習慣がついてしまった。（★ take to =「～の癖がつく」）

▶ It took her several years to become accustomed to the American way of life.
▶ 彼女はアメリカの生活習慣に慣れるのに数年かかった。

▶ In Japan it is customary to give presents in the middle of the year and at the end of the year.
▶ 日本では盆と暮れに贈り物をするのが習慣です。（★ customary =「習慣的な」「慣例による」「慣習上の」）

正解：1. custom 2. conventions 3. habit

21 趣味

hobby | pastime | interest

Try it out! 文に最も合うのはどれ？

Q1. My husband and I were brought into contact by a mutual (hobby / pastime / interest) in collecting butterflies.
主人と私は蝶収集の趣味を通じて知り合ったんです。

Q2. Watching DVDs is just a (hobby / pastime / interest) for him.
DVD鑑賞は彼にとってただの娯楽だ。

Q3. My father's (hobby / pastime / interest) is collecting strange postage stamps.
父の趣味は珍しい切手を収集することです。

違いを知ろう！

● 「趣味」に相当する英語は？ と尋ねると、即座に hobby と答える方が多いと思います。しかし、英語の hobby は必ずしも日本語の「趣味」と同じではありません。**hobby** は趣味でも、自分の仕事以外で、かなりの時間（と、時にはお金）を費やして積極的・創造的に行う娯楽のことで、実用的な知識や技術を必要とします。たとえば切手収集やガーデニング、スキューバ・ダイビングのように積極的に打ち込む作業を含みます。この点から、音楽や映画の鑑賞、食べること、読書などは hobby の範ちゅうには入りませんので、My hobby is eating. とか My hobby is reading. とは表現しません。また、趣味を持って

いない人もいるでしょうから、誰かれかまわず What is your hobby? とは尋ねないほうが賢明でしょう。

●では、音楽や映画の鑑賞、読書、軽いスポーツなどの娯楽や気晴らしは何と言うのでしょうか？ **pastime** です。この語こそ、日本語の「趣味」に相当すると言えます。Karaoke is my grandmother's favorite pastime.「カラオケが祖母の一番の気晴らしです」などと使われます。

●また、**interest** も、関心・好奇心をそそる物や事で、カラオケ、美術鑑賞、得意なスポーツなど自分が興味のある物全般が対象になります。My interests are reading, music and tennis.「趣味は読書と音楽とテニスです」などと使われます。また、履歴書などの「趣味」の欄の見出しとしても使われるのも、この interest という語です。

●ちなみに、日本語で「彼女は服の趣味がいいね」などと言いますが、これは She has good taste in clothes. と表現します。この taste は hobby や pastime と意味が重ならない「好み」という意味です。

違いを覚えよう！

☐ **hobby** ➡ 職業以外で多くの時間を費やして積極的・創造的に行う娯楽・道楽

☐ **pastime** ➡ 読書・音楽鑑賞・スポーツなどの娯楽・気晴らし

☐ **interest** ➡ 関心事や興味の対象；関心・好奇心をそそる物や事

趣味の関連表現

▶ I like reading. [I enjoy reading].
▶ 趣味は読書です。

▶ Ms. Lincoln's vegetable garden is both for business and pleasure.
▶ リンカーンさんの菜園は趣味と実益を兼ねてます。

▶ Our president plays golf for recreation.
▶ 社長の趣味はゴルフです。

正解：1. interest 2. pastime 3. hobby

22 職業

job　career　profession

? Try it out! 文に最も合うのはどれ？

Q1. That man often changes (jobs / careers / professions).
あの男はよく仕事を変えるね。

Q2. Teaching is a challenging (job / career / profession).
教職はやりがいのある仕事です。

Q3. They say our mayor began his (job / career / profession) as a reporter with ABC.
市長はABC放送の記者として、自分の職を始めたそうです。

違いを知ろう！

● job は、ある特定期間、賃金をもらって行う職業のことで、「勤め口」「定職」「職」を意味します。What kind of job does your son do?「息子さんのご職業は何ですか？」はその例です。

● profession は、弁護士・医師・教師など高度な専門的知識や技術・資格を要する職業を指します。My father makes writing his profession now.「父はいま著述業を職業にしています」などと使われます。

● career は、成功を目指す職業、特別な訓練や技術を必要とし、生涯の生業（なりわい）とする職業のことです。My daughter wants to make a career in medicine.「娘は医者を一生の職業にしたがっている」などと使われます。a professional career は「専門職」、

a career soldier は「職業軍人」です。また、「職業」を表す語には occupation もあります。「職業」を表す最も一般的な語ですが、基本的には、履歴書や会・団体への入会申込用紙、アンケート (questionnaire) 用紙などの「職業欄」などの見出し、つまり「職種」に相当する語です。したがって、会話ではあまり使われません。

●また、職業には **vocation** もあり、job や occupation よりも堅い語です。この語は、「収入の有無に関わらず、社会のため、人のために持つ使命・天職」という意味でも使われます。

違いを覚えよう！

- □ **job** ➡ 賃金をもらって行う職業（★「職」を表す一般的な語）
- □ **career** ➡ 生涯の生業とする職業
- □ **profession** ➡ 弁護士・医師・教師など高度な専門知識を要する職業

職業の関連表現

▶ She is a writer by vocation.
▶ 彼女の職業は作家です。

▶ Mr. Watson was successful in the clothing business.
▶ ワトソン氏は衣服関係の職業で成功をおさめた。(★ business =「営利を目的とする職業」「商業や経済、生産と関わる仕事」)

▶ What does your husband do? [What's your husband's line of work?]
▶ ご主人のご職業は何ですか？

正解：1. jobs 2. ◎ profession, ○ job 3. career

高い

high | tall

? Try it out! 文に最も合うのはどれ？

Q1. This hotel is (higher / taller) than that church.
このホテルはあの教会より高いですね。

Q2. That bird is flying very (high / tall).
あの鳥はとても高いところを飛んでいる。

違いを知ろう！

●「高い」を表す語に high と tall があることは中学校で習いましたね。しかし、「高いビル」は a high building か a tall building かと問われると、一瞬、戸惑うのではないでしょうか。**high** は、物体のみならず、状態・程度・金額などが普通以上に高いことです。必ずしも地上に接触していなくてもよく、天井、屋根、棚、空などの高さをも表します。つまり、high は、ある物の一番上の部分に焦点が当てられます。

●一方、**tall** は人・物などの「下から一番上までの背丈・高さ」を表します。幅と奥行きが同じくらいで、細長くて平均以上に高い人や建物、木などを形容します。つまり、ある物の地上から一番上までの全長に焦点が当てられる語です。したがって、建物を a high building と言えば、そのビルの上にいる場合とか、そのビルの上の部分（つまり頂上）を意識して見ている場合です。ところが、a tall building と言えば、ビルの下から上を見上げている、つまり地上から一番上までを意識して見ている場合です。このように、どこに焦点を当てるかによって、これら2つの語を使い分ける必要があります。また、high

は抽象名詞を修飾することもありますが、tall はこれを修飾することがありません。

違いを覚えよう！

- □ **high** ➡ ある物の一番上の部分に焦点が当てられる
- □ **tall** ➡ ある物の地上から一番上までの高さ（全長）に焦点が当てられる

高いの関連表現

▶ They say that woman is well educated.
▶ あの女性の学歴は高いらしいね。

▶ Shh! Lower your voice.
▶ しっ、声が高いぞ！（→静かに！）

▶ She writes with a refined style.
▶ 彼女は格調の高い文を書くね。

▶ There is a strong possibility that that guy is the criminal.
▶ あいつが犯人である可能性は高いな。

▶ This English course is too advanced for me.
▶ この英語コースは、僕にはレベルが高すぎます。（★ advanced ＝「程度が高い」）

▶ 「転石、苔生（む）さず」 ◀

英語には、gather を使った A rolling stone gathers no moss.「転石、苔生（む）さず」という諺があります。しかし、この諺、イギリスとアメリカでは解釈が異なります。イギリスでは、次々と職や住居を変える人は、人生で成功せず、お金も貯まらないと言われ、１箇所で辛抱することの大切さを教えています。他方、アメリカでは、より積極的に活動して、よく職を変える人のほうが成功すると考えられ、１箇所で永くいると、苔が生えて動きがとれなくなるとする戒めです。このように、イギリス人とアメリカ人とでは、「苔」に対するイメージが異なるのです。もっとも、今日では、イギリスでもアメリカ流の解釈が多くなりつつあるのも事実です。

正解：1. taller　2. high

24 確かな

sure | certain | definite

? Try it out! 文に最も合うのはどれ？

Q1. Let's set a (sure / certain / **definite**) date for the meeting.
会議の具体的な日程を決めましょう。

Q2. Are you (**sure** / certain / definite) you put your bag here?
ここにバッグを置いたのは確かですか？

Q3. I feel (sure / **certain** / definite) she will pass her entrance exam.
彼女が入試に合格するのは確かだと思うよ。

違いを知ろう！

●「確かな」を表す sure と certain はどちらを使ってもよい場合が多いのは確かですが、前後の文脈によってはどちらか一方しか使えない場合があります。**sure** は主観的な判断・基準・証拠に基づく確信を表します。外からの確たる証拠がなくても、自分で確実にそうなる、またはそうなって欲しいと強く思っている時に使われます。I'm sure Mike will succeed in this job.「マイクがこの仕事で成功するのは確かだよ」とか There is one thing I'm sure of.「1つだけ確かなことがある」などと使われます。

●これに対して、**certain** は、客観的な証拠・事実があり、誰が見

ても間違いないという意味が込められます。It is certain that Mr. Brown will win the election.「ブラウン氏が選挙に勝利するのは確実だ」などです。ここで重要なのは、文法的に「It is ... that～」の構文では、certain が使われ、sure は使われないということです。代名詞の it には元来、客観性という特質がありますので、主観性の特質がある sure とは一緒に用いられないからです。

●また、**definite** は、「明確な」という意味で、「細部にわたって確定的な・確実な」ことを表します。Is it a definite answer?「それは確かな答ですか？」などと使われます。

違いを覚えよう！

- □ **sure** ➡ 主観的な判断・基準に基づく確信を表す
- □ **certain** ➡ 客観的な証拠・根拠に基づく確信を表す
- □ **definite** ➡ 細部にわたって確定的な・確実な

確かなの関連表現

▶ There is no doubt that she stole my purse.
▶ 彼女が私の財布を盗んだのは確かだ。(★ no doubt =「疑う余地のない」)

▶ Without a doubt, this would be the best way to study English.
▶ 確かに、これが英語を勉強する最良の方法だね。(★ without a doubt は「疑いなく」という意味で、no doubt より意味が強い)

▶ "Do you know Professor Makino?" "Yes, indeed I do."
▶ 「牧野教授を知ってますか？」「ええ、確かに（知ってます）」

▶ He is, I believe, from Waseda.
▶ 彼は確か、早稲田（大学）の出身です。

正解：1. definite　2. sure　3. certain

まぎらわしい 25 正しい

right | **correct** | **accurate**

? Try it out! 文に最も合うのはどれ？

Q1. I didn't decide whether it was (right / correct / accurate) or wrong at that time.
当時は、それが正しいか間違ってるかなんて決めなかった。

Q2. The train schedule in this country is quite (right / correct / accurate).
この国の列車の運行は極めて正確です。

Q3. Do you know why Mike speaks (right / correct / accurate) Japanese?
マイクがなぜ正しい日本語を話すかご存じですか？

違いを知ろう！

● 「正しい」を表す right と correct はまぎらわしいものの１つです。**right** はふつう、「道徳的にみて正しい」「判断が正しい」「行為が法律・社会通念上、正しい」ことを意味します。You are right.「君（の言うこと）は正しい」、Is this the right train for Ueno?「上野へ行くにはこの電車でいいですか？」などと使われます。この語は物ごとを「正しいと肯定する」ニュアンスがあります。

● **correct** も、「事実や真実と一致している」という意味では、right と同じように使われます。こちらには、物ごとが「誤りがない、客観的に正しい」というニュアンスがあり、Minako's English is grammatically correct.「美奈子の英語は文法的には正しい」などと使われます。さらにcorrectは、服装・態度などが世間一般の常識からみてズレてなく、礼儀や規則にかなっているという意味をも表します。また、最近よく取り上げられるpolitically correct [PC]は、「発言・行動が政治的に正しい」「(人種・性別・障害などの)差別を避けるような配慮をした」という意味です。

●また、**accurate**には「正確な」というニュアンスがあります。主に情報や数字などに使われ、努力をしたり、注意を払ったりする結果としての「間違いのない正確さ、精度の高さ」のことです。It's quite difficult to get accurate information about it.「それに関して正確な情報を得ることは極めて困難です」などと使われます。

●ちなみに、That's right.「そのとおり」は日常会話でよく使われるフレーズですが、ビジネスや公式の場では、よりフォーマルなThat's correct.を好む人が多いようです。

違いを覚えよう！

□ **right** ➡ 道徳的に正しい、判断が正しい
□ **correct** ➡ 欠点・誤りがなく正しい；服装・態度などが礼儀・規則にかなっている
□ **accurate** ➡ 情報・数字などが正確である

正しいの関連表現

▶ Is it proper to slurp *soba* in Japan?
▶ 日本では、ソバは音を立てながら（→すすって）食べるのが正しいんですよ。
（★ proper =「（本来そうあるべきなので、または都合がよいので）ふさわしい」）

▶ He made a good judgment in foreign policy.
▶ 彼は外交政策で正しい判断をした。

正解：1. right 2. accurate 3. correct

まぎらわしい! 26 小さい

little | small | tiny

? Try it out! ? 文に最も合うのはどれ？

Q1. What is the (least / **smallest** / tiniest) country in the world?
世界で一番小さい国はどこ？

Q2. How old is this pretty, (**little** / small / tiny) baby?
この小さな可愛い赤ちゃんは（生後）何か月ですか？

Q3. This reduced-size edition of the newspaper has such (little / small / **tiny**) print I can't read it.
この新聞の縮刷版の字は小さくて読めないね。

違いを知ろう！

● little と small は、ともに「サイズ・数量・程度・価値」などが「小さい」ことを表し、交換可能なことが少なくありません。しかし、本質的な違いがありますので、しっかり身に付けましょう。small は large の反意語で、「人や物が客観的・物理的にみて小さい」という意味です。These shoes are too small for me. 「この靴は僕には小さすぎる」などと使われます。

● little は big の反意語で、人や物が「小さい」という意味で、small と同じように使われます。さらに、「(主観的に) 小さくて可愛らしい」という意味もあります。この little には、大したことがないという感情的判断も含まれます。「小さくて可愛いらしい」というポジティブ

なイメージから、自分の子供を「私の可愛くて幼い女の子」という意味で、my little girl と呼びかけます。ところが、my small girl と呼びかけると、「可愛い」という主観的な感情がなくなり、単に「(身体的に)小さい」、つまり「小柄の」という意味になります。さらに、little と small の語法上の違いは、little が常に名詞の前で使われることです。つまり、That is a little church. とは言えますが、That church is little. とは言えません。

●また、**tiny** は「とても小さい」という意味で、小さいことに驚くというニュアンスも含まれています。The windows on this house are tiny.「この家の窓は小さいね」などと使われます。

違いを覚えよう！

- □ **little** ➡ 人や物が小さい；主観的に小さくて可愛らしい
- □ **small** ➡ 客観的・物理的にみて小さい
- □ **tiny** ➡ とても小さい

小さなの関連表現

▶ Don't worry about such a trivial thing.
▶ そんな小さなことにくよくよするなよ。

▶ The boy is too short to be a basketball player.
▶ その少年はバスケットボール選手としては小さすぎる。

▶ Turn down the TV, please.
▶ テレビの音量を小さくしてください。

▶ I have known her since she was very young.
▶ 彼女をとても小さい頃から知ってるよ。

▶ Please speak in a low voice.
▶ 小さな声で話してください。

正解：1. smallest　2. little　3. tiny

27 中心

center | middle | heart

? Try it out! ? 文に最も合うのはどれ？

Q 1. The (center / middle / heart) of a typhoon is called the eye.
台風の中心は「目」と呼ばれます。

Q 2. Our school is in the (center / middle / heart) of the city.
私たちの学校は町の中心（部）にあります。

Q 3. I will take a trip to Europe in the (center / middle / heart) of June.
6月の中旬にヨーロッパへ旅行します。

違いを知ろう！

● center は、基本的には「厳密に測定された円や球の中心点」のことで、the center of the earth「地球の中心」などのように使われます。同時に、「ある活動・目的の拠点となる場所や施設」、および「場所や物ごとの中心」のことも表します。a shopping center は利用者が周辺から集まる「ショッピング・センター」、the center of attention は人々の「注目の的」です。The new town hall is going to be built in the town's center.「新しい町役場は町の中心地に建てられる予定だ」などと使われます。

● middle は、時間や空間の真ん中、物ごとの中心とその周辺部分を

指します。center ほど厳密ではなく、「ほぼ中心部」「中央部」という意味です。center とは異なり、中心点とその周辺をも含み、細長いものの真ん中の意味でも用いられます。また、「期間・過程・程度・順番などの中間」も表します。She is in her mid-fifties.「彼女は50代半ばだ」とか I am the middle child of three.「僕は3人兄弟の真ん中です」などと使われます。では、「バスが道路の真ん中で立ち往生した」はどのように表現しますか？ この場合は、厳密に測定された道路の中心とは考えられず、道路の中央部と考えられますので、The bus was stuck in the middle of the road. と表現します。

● **heart** は場所や物ごとの最も重要な部分を指します。the heart of the city は「都市の中心部」(都市の最も重要な部分)、the heart of the matter は「問題の中心」、the heart of the jungle は「ジャングルの真ん中」、the heart of a cabbage は「キャベツの芯」です。Nobody wanted to get the heart of the problem.「誰も問題の核心に触れようとしなかった」などと使われます。

違いを覚えよう！

□ **center** ➡ 厳密に測定された中心点；活動・目的の拠点；場所や物ごとの中心
□ **middle** ➡ (center ほど厳密ではなく)時間・空間・物ごとのほぼ中心部、中間；期間・過程などの中間
□ **heart** ➡ 場所や物ごとの最も重要な部分、核心

中心の関連表現

▶ The guy thinks the world revolves around him.
▶ あいつは世の中が自分中心に回っていると考えてるよ。

正解：1. center 2. ◎ heart, ○ center 3. middle

28 トイレ

bathroom | **rest room**

? Try it out! ? 文に最も合うのはどれ？

Q1. "Mom, I want to pee!" "OK, I'll stop in the convenience store over there and you can use the (bathroom / rest room)."
「ママ、おしっこしたいよー」「わかったわ、あそこのコンビニに寄って、トイレ借りましょうね」

Q2. We've decided to do over our kitchen and (bathroom / rest room).
台所と浴室やトイレを改装することにしました。

違いを知ろう！

●アメリカの個人住宅ではふつう、浴室 (bathroom) の中に水洗トイレ用の便器 (toilet) と洗面台 (sink) があるため、「トイレ」は **bathroom** と呼ばれます。toilet は、排泄物を流す（水洗トイレ用の）「便器」を連想させるため、アメリカではあまり使われませんが、イギリスではトイレと浴室とが別々に設置されていることが多く、**toilet** と言う人が多いようです。知人の家などでトイレの場所を尋ねるには、Where is the bathroom? か Where can I wash my hands? が一般的です。ただし、I have to go to the bathroom. は一般家庭に限らず、劇場などでも「トイレに行かなきゃ」の意味で使われます。イギリスでは、俗語として loo も使われます。

● **rest room** には文字どおり「休憩室」という意味もありますが、

学校・劇場、ホテルなどでの「トイレ」には一般に rest room が使われます。また、レストランや公共施設のトイレには、**washroom** が使われます。公衆便所には **lavatory**（toilet の堅い語）、**rest room**、《米》**comfort station**、《英》**public convenience** など、国や地域によって異なる表現が使われます。

違いを覚えよう！

□ **bathroom** ➡ 一般家庭のトイレ・お手洗い
□ **rest room** ➡ ホテルや劇場のトイレ・洗面所・化粧室

トイレの関連表現

▶ This kitten is already housebroken [《英》house trained].
▶ この子猫はもうトイレのしつけができています。（★ housebroken《形》=「ペットが家の中でそそうをしないように躾けられた」）

▶ Let's make a pit stop over there.
▶ あそこでトイレ・タイムをとろうよ。（★ make a pit stop =「(ドライブの途中で)トイレのために車を停める」）

▶ I've got to go to the bathroom.
▶ トイレに行かなきゃ。

▶ 入ってます！ ◀

トイレに入っている時に、誰かがドアをノックします。そんな時、「(トイレに)入ってます」を英語では何と言うと思いますか？ I am in. ではおかしいです。It's taken. とか Someone's in (here). です。Occupied. と言うこともあります。もっとも、英米のトイレでは、トイレの下の方が数 10 センチ空いていることが多いので、ドアをノックされることはまれです。また、トイレのみならず、浴室や暗室などに下げられる「使用中」は、英語では Occupied（反対の「空き室」は、Vacant）です。

正解：1. rest room　2. bathroom

29 道具

| tool | instrument | appliance |

? Try it out! ? 文に最も合うのはどれ？

Q1. The doctor uses this surgical (tool / instrument / appliance) to operate on the patient for a cataract.
医師は患者の白内障を手術するためにこの手術器具を使います。

Q2. Electric (tools / instruments / appliances) have made our life very comfortable.
電気器具が我われの生活をとても楽にしてくれている。

Q3. Could you tell me what kinds of (tools / instruments / appliances) I would need to fix a leaky faucet?
水漏れのする蛇口を修理するにはどんな道具が必要か、教えてくれませんか？

違いを知ろう！

● **tool** は、物を作ったり直したりする際に、仕事を容易にするために手に持って使う小さい道具のことです。この語は主に、職人が使うカナヅチ、ノコ、スパナ、ドライバーなどの道具を指し、普通、台所用品・用具には使われません。また、仕事を行う上で必要な「手段」の意味でも用いられこともあります。

● **instrument** は、主に学術・研究用に使われる精密器機・計器や手術用メスなどの医療器具のことです。また、**appliance** という語は、電気やガスなどの原動力で作動する家庭用の小型器具を指します。これには、電気洗濯機、アイロン、冷蔵庫、レンジ、ドライヤー、手術

器具などが含まれます。
●また、道具・用具・器材を広く表す語としては **equipment** があります。tool と一緒に使われることもあり、gardening tools and equipment は「ガーデニング用具（一式）」になります。さらに、**device** は「ある特定の機能・目的を果たす、機械的な道具・部品・装置」を表し、おもに電子機器などに使われます。tool、equipment、device は交換可能な場合も少なくありません。

違いを覚えよう！

- □ **tool** ➡ 職人が使う道具・工具・工作機械
- □ **instrument** ➡ 医療・実験・研究などに用いる精密器機
- □ **appliance** ➡ 電気やガスなどの原動力で作動する家庭用の電化製品

道具の関連表現

▶ My sister received a beautiful set of French cooking utensils as a wedding gift.
▶ 妹は結婚祝いに、フランス製のきれいな台所用品セットをもらった。
（★ utensil ＝「料理・掃除などに用いる家庭用の道具、特に台所用品」）

▶ Being that she is a teacher, textbooks and CDs are the tools of her trade.
▶ 彼女は教師なので、教科書と CD は彼女の商売道具だ。

▶ 道具を選ばず ◀

名人は道具の善し悪しなど問題にしない、仕事の出来・不出来はその人の腕前による、という意味の諺に、「弘法筆を選ばず」があります。英語でも、これに相当する諺で tool を使ったものがあります。A bad workman always blames his tools.（下手な職人はいつも道具に難癖をつける）です。この諺の反対句として、A good workman never blames his tools.（よい職人は決して道具に難癖をつけない）もあります。

正解：1. instrument　2. appliances　3. tools

30 恥ずかしい

be ashamed　*be* embarrassed

? Try it out! 文に最も合うのはどれ？

Q1. I was (ashamed / embarrassed) I forgot her name.
私は彼女の名前を忘れて、恥ずかしい思いをした。

Q2. I was so (ashamed / embarrassed) of myself for cheating on the English test.
英語のテストでカンニングして、とても恥ずかしかったよ。

違いを知ろう！

●ご存じのように、日本文化は「恥の文化」と言われています。それはともかく、「恥ずかしい」にあたる英語には、ashamed と embarrassed があります。**ashamed** は、試験で不正をしたり、配偶者を裏切って浮気をしたりするなど「人の道に反することをしたために恥ずかしい（思いをする）」ことで、「道徳的・倫理的に～したことを恥じる」「罪悪感によって恥ずかしい（思いをする）」という意味です。自分の「後悔するような行い」に対して、I'm ashamed for having told a lie.「嘘をついたことを恥ずかしく思っています」などと使われます。

●一方、**embarrassed** は、スーパーなどで出くわした人の名前を間違えたり、冬道で足を取られて転んだり、あるいは人前でオナラをしたりして、他の人の目から見て「きまり・ばつが悪い」「気まずく恥ずかしい」ことを意味します。「恥ずかしいから、その写真見ないで！」は Don't look at the picture! I'm embarrassed. です。これ

ら2つの語の違いについて、ashamed は「自分に対して恥ずかしい」、embarrassed は「他人の目から見て恥ずかしい」と覚えておくと、恥ずかしい思いをしなくて済みますよ。また、「はずかしめを受ける、赤恥をかく」という意味を表す語に、**humiliated** もあります。

違いを覚えよう！

- [ ] **ashamed** ➡ 罪悪感から恥ずかしい（思いをする）；道徳・倫理・良識に照らして恥ずかしい
- [ ] **embarrassed** ➡ ばつが悪い；人前で気まずい思いをして恥ずかしい

恥ずかしいの関連表現

▶ I felt humiliated at the restaurant in the U.S., because I didn't know proper table manners.
▶ アメリカのレストランでは、正式なテーブルマナーを知らずに恥ずかしかったよ。

▶ He felt too shy to talk to the girl.
▶ 彼は恥ずかしくてその女の子に話しかけられなかった。（★ shy =「（内気や引っ込み思案で）照れくさい」）

▶ I blushed to see my husband's rude behavior when he got drunk.
▶ 夫が酔っ払った時、無作法な行動をして恥ずかしかったわ。

▶ Shame on you!
▶ 恥ずかしいことはやめなさい！（★悪さをした子に対して親が使う常套句）

▶ 「お恥ずかしい限りです」？ ◀

You have a wonderful family.「すばらしいお家族ですね」と褒められて、「いやあ、お恥ずかしい限りです」を英語で何と言いますか？ 実は、英米人には「褒められて恥ずかしい」という感情が、日本人ほどにはありません。そのため、*be* ashamed や *be* embarrassed は使われず、*be* flattered（光栄です）が使われます。したがって、上の文には、Thank you very much. I'm flattered.「ありがとう。光栄です」と応じるのが一般的です。

正解：1. embarrassed　2. ashamed

31 速い

fast quick rapid

? Try it out! ? 文に最も合うのはどれ？

Q1. Have a (fast / quick / rapid) look at that girl. She is wearing some horrible clothes.
あの女の子、ちょっと見てごらん。ひどい服着てるから。

Q2. This grandfather clock is five minutes (fast / quick / rapid).
この箱型大時計は5分速いね。

Q3. What do you think of the (fast / quick / rapid) economic growth in that country?
あの国の急激な経済成長をどう思いますか？

違いを知ろう！

●「世界一速い男は誰？」などと尋ねる時の「速い」は、fast でしょうか、quick、それとも rapid でしょうか？ 答えは fast です。**fast** は「速い」を表す最も一般的な語で、他の2つの類義語と置き換えが可能です。ただし、この語は基本的に、継続的な動作や作業、運動が絶対的に速いこと、つまり、「人や物の動作・運動が速い」ことを表します。速度が一定している人や物に重点が置かれます。したがって、a fast Internet connection は「インターネットの高速接続」、a fast horse は「足の速い馬」です。また、「あいつは女に手が速い」も fast を使って He is fast with women. と表現できます。

● quick は、動作が迅速で、時間的に速いことを表します。速度よりも動作や行動の素早さに重点が置かれます。手紙やEメールの返事が速い、物ごとの反応が速い場合に使われます。ただし、fast と quick には似通った部分もあり、「作業が速かったね」は、Your work was fast. とも Your work was quick. とも表現できます。Let's have a quick lunch.「急いで昼食をとろう」などと使われます。この quick には、「あまり時間のかからない」というニュアンスがあります。

● rapid は、動作が驚くほど速いことを表す語です。人や動物、植物の成長、科学の進歩、経済や技術の発展、心臓の鼓動や脈拍などの速度が速いことです。I can't keep up with his rapid pace.「彼の速足にはついていけないよ」などと使われます。

違いを覚えよう！

□ **fast** ➡ 継続的な人や物の動作・運動が絶対的に速い
□ **quick** ➡ 動作や行動が素早い；瞬間的に速い
□ **rapid** ➡ 成長・発展・進歩などが速い

速いの関連表現

▶ Service at that restaurant is prompt.
▶ あのレストランのサービスは速いよ。

▶ Her speedy recovery surprised me.
▶ 彼女の速い回復には驚いたね。

▶ fly に注意を！ ◀

Your fly's open. がどういう意味かご存じですか？「（主にズボン・パンツの）前チャックが開いてるよ」という意味です。この fly は「蝿」を意味する fly とスペルは同じですが、「ズボンの前チャック」（婉曲的に「社会の窓」）という意味です。ちなみに、「チャック」はもともと商標名で、和製語です。「社会の窓が開いてるぞ」は、遠回しに XYZ! [Examine your zipper!] と表現することがよくあります。誰かに XYZ! と言われたら、自分の前チャックをチェックしましょう。

正解：1. quick 2. fast 3. rapid

32 低い

low | **short**

? Try it out! ? 文に最も合うのはどれ？

Q 1. Mike is a smart and good-looking guy, but the fly in the ointment is that he is (low / short).
マイクは頭がよくてルックスもいいやつだけど、背が低いのが玉にキズだね。

Q 2. The standard of living is (low / short) in that country.
あの国の生活水準は低い。

Q 3. Can you see a house with a (low / short) chimney over there? That's my house.
向こうに煙突の低い家が見えますか？ あれがわが家です。

違いを知ろう！

●「低い」を表す low と short は「高い」を表す high と tall に対応します。**low** は地上・底辺からの高度が「低い」ことを表す基本的な語です。建物、天井、山や丘、棚、ベンチや椅子など物理的なものの低さのみならず、数値や音声などが低いことも表します。The temperature today is quite low.「今日の気温はとても低い」、My grandma always speaks in a low voice, so I sometimes can't catch what she says.「おばあちゃんはいつも低い声で話すので、時々聞き取れないことがある」などと使われれます。

●一方、**short** はもともと「短い」という意味ですが、人の「背丈が低い」のほか、木・塔などが低いことにも使われます。Your sister is shorter than you by a head. 「君の妹は君より頭 1 つ背が低いね」などと使われます。

> **違いを覚えよう！**
>
> □ **low** ➡ 高度が「低い」ことを表す一般的な語で、物の上の部分が低い；数値や音声などが低い
> □ **short** ➡ 人の背丈や、物の全長が低い

低いの関連表現

▶ Their income is quite modest.
▶ 彼らの収入は概してかなり低い。（★ modest ＝「あまり高くない、まあまあの」）

▶ Isn't there any way to bring down prices?
▶ 物価を（低くする→）下げる方法はないのだろうか？

▶ The sun is sinking below the horizon.
▶ 太陽が地平線の下に沈もうとしている。（★ below ＝「ある物が、他の物より低い位置にある」）

▶ 「低い鼻」は low nose？ ◀

「低い鼻」は a low nose ではなく a short nose とか a small nose です。「ぺしゃんこの鼻」は a flat nose と言います。日本では「高い鼻」は誇らしく、ほめ言葉としても使われますが、英米には鼻の高い人が多いせいか、a big nose はほめ言葉にはなりません。人の鼻をほめるのは、a cute nose（可愛い鼻・魅力的な鼻）とか a beautiful nose（美しい鼻）です。また、「あなたのご活躍で、ご両親もさぞ鼻が高いでしょうね」は Your parents must be very proud of your success. です。余談ですが、「象の鼻」は an elephant's trunk で、a nose ではありません。したがって、「象は鼻が長い」は Elephants have long trunks. と言います。

正解：1. short 2. low 3. short

33 広い

wide | broad | large

? Try it out! 文に最も合うのはどれ？

Q 1. She has (wide / broad / large) knowledge of the subject in question.
彼女は問題となっているテーマに関して広い知識を持っている。

Q 2. This hall is (wide / broad / large) enough to accommodate 2500 people.
このホールは 2500 人を収容する広さがある。

Q 3. The Mississippi River is very (wide / broad / large).
ミシシッピー川はとても広いね。

違いを知ろう！

● wide と broad は、ともに「幅が広い」「広々としている」ことを表し、場所や物の広さ、無形のものの広さ（規模・影響など）に使われます。しかし、ニュアンスや語法には違いがあります。面積の広さを表す場合、**wide** は 2 点間の距離・間隔が広いことで、端から端までの距離が長く、具体的に測定できるものやそれに準じたものに使われます。文字どおり、「幅が広い」ことです。a swimming pool 20 meters wide は「幅 20 メートルのプール」、a wide gap は「大きな割れ目」です。歯医者さんは、Now, open your mouth wide.「さあ、お口を大きく開けて（ください）」と言います。

● **broad** は、明確に測定した結果の広さではなく、面としての広が

りが広々している、つまり広大な有り様を表す語です。a broad river は「広い川」、broad shoulders は「広い肩幅」です。broad and wide corn fields「広々としたトウモロコシ畑」などと、broad と wide の両方を使って有形のものを形容する場合もあります。ですが、a wide street と a broad street とでは意味が異なります。それぞれ、「幅が広い通り」「広々とした通り」という意味です。

●無形のものを形容する時は、wide と broad を入れ替えできない場合が多くあります。wide のみを使う例は、The news was given wide coverage.「そのニュースは広く（新聞などで）伝えられた」とか The book is a worldwide bestseller.「その本は世界的なベストセラーです」などで、物ごとの規模・知識・影響力などの広さを表します。一方、broad は、wide に比べて「包括的に広い」「漠然と広い」「細部にこだわらずに広い」ことを表します。She is a woman of broad views.「彼女は視野の広い人です」とか Mr. Johnson is a broadminded teacher.「ジョンソン先生は（心の広い人→）寛容な人です」などは、wide と入れ替えができません。

●なお、**large** は面積が広いことを表す最も一般的な語で、建物の内部が広いとか、収容能力が大きい場合に使われます。「この大学には広い図書館がある」は This college has a large library. です。

違いを覚えよう！

☐ **wide** ➡ 2点間の距離・幅が広い
☐ **broad** ➡ 面としての広がりが広い
☐ **large** ➡ 面積が広い；物の内部が広い；収容能力が大きい

広いの関連表現

▶ Dr. Spolsky has an extensive knowledge of language teaching.
▶ スポルスキー博士は言語教育について広い知識をもっています。

正解：1. broad   2. large   3. wide

34 太った

fat | plump | overweight

? Try it out! 文に最も合うのはどれ？

Q1. Look at the (fat / plump / overweight) arms and legs on this baby.
この赤ちゃんのぽっちゃりした手足を見てごらん。

Q2. You will get (fat / plump / overweight) if you eat that much every day.
毎日そんなに食べると太るぞ。

Q3. My husband is 15kg (fat / plump / overweight).
うちの夫は体重が15キロも超過しているのよ。

違いを知ろう！

● **fat** は、脂肪の多いことを表す語で、どちらかといえば軽蔑的な含みがあります。単に「太った」ではなく、「デブ」に近い意味があることを知っておきましょう。否定的なニュアンスの強い語ですので、普通、自分に対して使い、悪口、皮肉で使う場合を除いて、他の人に対して使う時は注意が必要です。間違っても、女性には You are fat. などと言わないほうが身のためです。ただし、この語には、fat meat 「脂肪の多い肉」、a fat lip 「腫れ上がった唇」、a fat book 「分厚い本」、a fat wallet 「(お札のたくさん入った)分厚い財布」のように、分量の多さや膨らんだ形状を表す場合もあります。

● **plump** は fat の婉曲的な表現で、「まるまると太っている」こと

を表す語で、健康的で感じのよい太り方を指します。「ぽっちゃりした」という感じで、ポジティブなイメージを与えます。"Meg's on a diet." "Oh, she is plump, but she still looks quite pretty." 「メグがダイエットしてるのよ」「あら、ぽっちゃりしていて、とってもかわいく見えるのに」などと使われます。また、この plump は、a plump face「ふっくらした顔」などと、身体の一部についても使われます。
● **overweight** は、「太りすぎの」「重量超過である」を意味します。His little sister is a bit overweight.「彼の妹はちょっと太りすぎだね」などと使われます。「最近、ちょっと太ったよ」と言う時には、put on weight を使い、I've put on some weight lately. などと表現します。

違いを覚えよう！

□ **fat** ➡ 脂肪の多い（★どちらかといえば、軽蔑的な含みがある）
□ **plump** ➡ まるまる太った（★ fat の婉曲的な表現で、健康的で感じのよい太り方を指す）
□ **overweight** ➡ 太りすぎの；重量超過である

太ったの関連表現

▶ The bartender is a stout middle-aged man with a bushy mustache.
▶ そのバーテンダーは、濃い口髭を生やした太った中年です。(★ stout =「肉付きがよくて頑丈な；ずんぐりした」)

▶ The Hayakawas are all butterballs.
▶ 早川家はみんな丸々と太った人ばかりだね。(★ butterball =「太った人・子ども」「デブ」)

▶ That guy is skinny, but he eats like a horse.
▶ あいつはすごく痩せてるけど、大食いだな。(★ skinny =「骨と皮ばかりの」「すごく痩せた」；eat like a horse =「大食いする」)

正解：1. plump　2. fat　3. overweight

35 変な

strange | **odd** | **weird**

? Try it out! ? 文に最も合うのはどれ？

Q 1. That girl always has a/an (strange / odd / weird) look to her.
あの女の子はいつも変わった格好をしている。

Q 2. I heard a/an (strange / odd / weird) noise next door.
隣の家から変な物音がした。

Q 3. Pamela got a lot of flack for her (strange / odd / weird) haircut.
パメラはその風変わりな髪型で、かなりの非難を浴びた。

違いを知ろう！

● これら3語はいずれも「変な」を意味しますが、微妙にニュアンスが異なります。strange は、「なじみのない」「不自然な」「理解や説明が難しく変な」「一風変わった」で、「変な」を表す最も一般的な語です。いままで見たり聞いたり、経験したことのないような「奇妙な」ことを暗示します。It's strange that it has snowed this early in the season.「こんなに早い時季に雪が降るなんて変だよ」とか This milk tastes strange.「このミルクの味、変だぞ」のように、天候や食べ物の話題でもよく使われます。

● odd は、普通の価値観や普段の状態とは違っていることを意味します。strange よりも突飛さを強調する語で、「常識や基準から

ズレている」「奇妙な・異常な」という意味です。That is an odd-shaped building.「あれは変な形をした建物だね」などと使われます。strange が「変な」なのに対して、odd は「現実離れして奇妙な」を意味します。したがって、a strange person は（いままでに見たことのない・珍しい人）→「見知らぬ人」ですが、an odd person は（変な人）→「変人・奇人」です。

● weird は、「不可思議な」「奇妙な」「この世のものとも思われない」という意味で、一般に「風変わりで気味の悪い物や人」に使われます。weird ideas は「奇妙な考え」で、a weird fellow は「風変わりなやつ」です。That house has a weird layout. I wonder what kind of people live there.「あの家とっても奇妙な設計だけど、どんな人が住んでるのかしら」などと使われます。

違いを覚えよう！

- □ **strange** ➡ 明確な説明が難しいほど奇妙な
- □ **odd** ➡ 常識や基準からズレていて変な（★ strange よりも突飛さを強調する）
- □ **weird** ➡ 摩訶不思議な；風変わりで気味の悪い；この世のものとも思われない

変なの関連表現

▶ There's something wrong with this *tofu*. It must be old.
▶ この豆腐、味がなんか変よ。古いに違いないわ。

▶ Professor Brown is a very peculiar philosopher.
▶ ブラウン教授はとても変わった哲学者だね。

▶ It's funny for her mother to say so.
▶ 彼女の母がそんなことを言うなんて変だよ。（★ funny =「不可解な」）

正解：1. odd　2. strange　3. weird

36 まぎらわしい！ 間違った

wrong | **incorrect** | **false**

❓ Try it out! ❓ 文に最も合うのはどれ？

Q1. This sentence is grammatically (wrong / incorrect / false).
この文は文法的に間違っている。

Q2. It seems I have jumped to a/an (wrong / incorrect / false) conclusion.
私は間違った結論に飛びついてしまったようだ。

Q3. You've got the (wrong / incorrect / false) number.
番号違いです。（★間違い電話に対して）

違いを知ろう！

●これらの3つの語は多くの場合入れ替えが可能ですが、ニュアンスに微妙な違いがあります。**wrong** は、「間違った」「正しくない」という意味ですが、人や物ごとが法的に誤っている、道徳的に間違っている、意見・判断・方法・答えなどを間違えている、事実や正答と異なっていることです。"Why hasn't she shown up?" "She must have taken the wrong bus."「彼女、どうして来ないんだろ？」「バスを乗り間違えたに違いないよ」などと使われます。

●**incorrect** は「事実に照らして不正確な・間違った」という意味です。人や物ごとが事実や一定の基準に合っていないことを表します。This English sentence is grammatically incorrect.「この英

語の文は文法的に間違っている」などと使われます。「事実と違った報道」は incorrect report、「間違った答え」は incorrect answer です。wrong は道徳的に間違っているという意味でも使われるのに対して、incorrect は多くの場合、計算や解答などの客観的な間違いについてのみ使われます。

● **false** は、「判断・推論などを間違えた」という意味で、好ましくない性質や手段の不完全さを表します。さらに、「裏切り・不実・不正など人道的な判断の間違い」をも表します。他の2語と異なるのは、false には誤りに対する責任に重きが置かれることです。It seems (that) Randy has acquired a false idea of the religion.「ランディはその宗教に間違った考えを持っているようだ」などと使われます。

違いを覚えよう！

☐ **wrong** ➡ 判断・方法などを間違えた；道徳的に間違った
☐ **incorrect** ➡ 事実に照らして客観的に不正確な
☐ **false** ➡ 判断・推論を間違えた；人道的に誤った

間違ったの関連表現

▶ I think Steve is mistaken in his thinking.
▶ スティーブは考え方が間違っていると思うよ。

▶ Under no circumstance would I go to that guy for help.
▶ 間違ってもアイツには助けを頼まないよ。

▶ He jumped to a faulty conclusion for some reason.
▶ 彼はなぜか間違った結論に飛びついたんだよ。

▶ You're very good at singing. It seems you've missed your calling. You should have been a singer.
▶ 君、とても歌がうまいね。道を間違えたみたいだよ。歌手になるべきだったね。

▶ Your brother made a mistake in his choice of work.
▶ 君の弟は職業の選択を間違ったね。

正解：1. ◎ incorrect, ○ wrong 2. false 3. wrong

37 まぎらわしい！ 役に立つ

useful | helpful | handy

? Try it out! ? 文に最も合うのはどれ？

Q 1. The lessons I learned at the outdoor activities came in very (useful / helpful / handy).
その野外活動で学んだ教訓はとても役に立ちました。

Q 2. It was very (useful / helpful / handy) of my granddaughter to buy this bread for me.
うちの孫娘がこのパンを買ってきてくれて、とても（助かった→）役立ったよ。

Q 3. The new teacher taught us many (useful / helpful / handy) English expressions.
新しい先生は多くの役に立つ英語の表現を教えてくれた。

違いを知ろう！

● 「役に立つ」も、英語ではいろいろな語で表現します。useful は「道具・機械・制度・情報・考えなどが有用である」ことを意味します。This is a useful tool to repair cars.「これは車を修理するのに役立つ道具です」などと使われます。

● また、helpful は「（主に）人や情報が（状況の改善などに）役立つ・助けになる」ことを意味します。This website will be very helpful for your new project.「このウェブサイトは君の新しいプロジェクトに役立つよ」などと使われます。

● **handy** は、This travel guide is really handy to take on a trip abroad.「この旅行ガイドは海外旅行に持っていくととても役立つよ」のように、「便利な」「重宝な」「すぐに使える」を意味します。ただし、日本語では「ハンディ」を「小型で持ち運びに便利な」という意味で用いますが、英語の handy は大きさとは関係がありません。

違いを覚えよう！

- □ **useful** ➡ 道具・制度などが有用である・役に立つ
- □ **helpful** ➡ 人や情報が状況の改善に役に立つ・助けになる
- □ **handy** ➡ 便利な；重宝する；手ごろな；すぐに使える

役に立つ の関連表現

▶ I'm sorry I couldn't be of more assistance.
▶ あまりお役に立てず申し訳ありません。

▶ This reference book is of little use now.
▶ この参考書は今ではほとんど役に立ちません。

▶ I hope that helps.
▶ お役に立てば幸いです。

▶ What is the use of memorizing these facts and dates?
▶ こんな事実や年月日を覚えて何の役に立つのだろう？

▶ お土産をもらった時は ◀

家族や友だちに旅のお土産を渡す時は、This is for you. とか Here's something for you. が定番です。日本語の「つまらない物ですが」に相当する表現としては、Here's a little present for you. もあります。この後に、I hope you like it.「気に入っていただけるといいのですが」を付け加えると better です。さらに、お土産をもらった人は、その場で May I open it?「開けてもいいですか？」と言って、その場でもらった包みを開けるのが英米のマナーです。開けてから、Thank you. This is what I really wanted.「ありがとう。これって、ほんとに欲しかったんです」などと付け加えると、much better です。

正解：1. handy 2. helpful 3. useful

38 安い

cheap | inexpensive | low

? Try it out! 文に最も合うのはどれ？

Q 1. Housing is very (cheap / inexpensive / low) these days.
住宅は最近、とても安い。

Q 2. The man arrived at his interview in a/an (cheap / inexpensive / low) suit.
その男は安いスーツを着て面接に現れた。

Q 3. This supermarket is renowned for its (cheap / inexpensive / low) prices.
このスーパーは安いことで有名なの。

違いを知ろう！

● cheap は「経費・旅費・商品の値段が安い」「格安な」を意味しますが、「安っぽい」、つまり「安くて粗悪」という意味もあります。したがって、I bought this sweater cheap.「このセーター安く買ったのよ」は、自分にはかまいませんが、人のために買った物には使わないのが無難です。この語は、品物ばかりでなく、Don't become a cheap person like that.「あんな安っぽい人間になるんじゃないぞ」のように、人間や物ごとの内容に対して、ネガティブなニュアンスで使われます。
● そのため、この cheap の使用を避け、純粋に「安い」を意味する inexpensive を使う人も少なくありません。inexpensive は「品質が

よい割に（内容・効果の割に）値段が安い」「費用がかからない」という意味です。This new TV set is inexpensive, but not cheap.「この新しいテレビは(値段が)安いけど、安物じゃないよ」などと使われます。
●では、**low** はどうでしょうか？ 客観的に価格が安い・低いことを表すやや堅い語です。つまり、授業料・給料・種々の費用などが安い・低い場合に使われます。ただし、物の値段でも、物を主語にした場合には inexpensive、cheap は使えますが、price を主語にした場合には low しか使えません。This new TV set's price is pretty low.「この新しいテレビの値段はわりと安い」などと使われます。では、「私の給料はとても安い」は、① My salary is very cheap. でしょうか、② My salary is very low. でしょうか？ 英語では、salary を主語にした場合は、high、low、good、bad は使えますが、cheap は使えませんので、答は②です。

違いを覚えよう！

☐ **cheap** ➡ 値段が安い；質的に悪く安物の；安っぽい
☐ **inexpensive** ➡ 質は悪くないが内容・効果の割に値段が安い
☐ **low** ➡ 客観的に価格が安い；授業料・給料・費用などが安い・低い

安いの関連表現

▶ I bought this imported car at a reasonable price.
▶ この輸入車、比較的安い値段で買ったよ。（★reasonable =「比較的安い；妥当な；道理にかなった；ほどよい」）

▶ That's a bargain!
▶ それは安いね。（★bargain =「安い買い物」「掘り出し物」）

▶ Can't you give me a little more of a discount?
▶ もう少し安くなりませんか？

▶ The price of land won't come down, even by next year.
▶ 来年も土地の値段は安くならないだろう。

正解：1. inexpensive 2. cheap 3. low

39 痩せた

| thin | slim | slender | skinny |

❓ Try it out! ❓ 文に最も合うのはどれ？

Q1. I don't like a (thin / slim / slender / skinny) man.
（骨と皮ばかりの）痩せた人は好きじゃないわ。

Q2. I want to drop three more kilos to be (thinner / slimmer / slenderer / skinnier).
私はあと3キロ落として、もっとスッキリしたいんだけど。

Q3. I had a (thin / slim / slender / skinny) waist before I got married.
私、結婚する前はほっそりしたウエストをしてたのよ。

Q4. Do you know why the girl is getting (thinner / slimmer / slenderer / skinnier)?
あの娘がなぜだんだん痩せてきたか知ってる？

違いを知ろう！

● **thin** は、肉が少なくて痩せていることを表す最も一般的な語です。「痩せたいんだけど」などと表現する時は、I want to get thin. と表現します。過労や病気などで痩せたことをも意味しますので、弱々しく「不健康に痩せた」「痩せこけた」「ほっそりした」というネガティブなイメージもあります。Our section chief has gotten a lot thinner.「うちの課長、ずいぶん痩せたね」などと使われます。

● これに対して、**slim** には、弱々しく不健康なというネガティブなイ

メージはなく、スポーツ選手のように健康的に痩せているというポジティブなイメージがあります。つまり日本語の「スリムな」に相当します。The new exchange student has a slim figure.「新しい留学生はスリムな体つきをしているね」などと使われます。

● slender は、slim とほぼ同じ意味で使われますが、細くスラッとして均整がとれて優美なことで、やはりポジティブなイメージがあります。My mother was tall and slender.「母は背が高くすらりとした体つきだったのよ」などと使われます。

● また、skinny は、「痩せすぎている」「ガリガリに痩せた」「骨と皮ばかりの」というネガティブなイメージの強い口語です。Do you know that skinny man with glasses?「あのメガネをかけて痩せた男性を知ってる？」などと使われます。

違いを覚えよう！

☐ thin ➡ 痩せこけた；ほっそりした（★不健康に痩せた）
☐ slim ➡ スリムな（★健康的に痩せた）
☐ slender ➡ 細くスラッとして均整がとれた（★好ましいイメージがある）
☐ skinny ➡《口語》痩せすぎている、ガリガリに痩せた（★ネガティブなイメージがある）

痩せたの関連表現

▶ She has lost a lot of weight since her operation, hasn't she?
▶ 彼女は手術をしてから、ずいぶん痩せたわね。

▶ They say Ms. Green lost five kilograms in three months.
▶ グリーン先生は3か月で5キロ痩せたそうよ。

▶ This land is too poor to yield any vegetables.
▶ この土地は痩せすぎていて野菜が全然とれないんです。

正解：1. skinny　2. slimmer　3. slender　4. thinner

40 有名な

famous | **notorious** | **well-known**

? Try it out! ? 文に最も合うのはどれ？

Q1. That city is (famous / notorious / well-known) for its high crime rate.
あの都市は犯罪率が高いことで有名（→悪名が高い）です。

Q2. Dr. Brodky is one of the most (famous / notorious / well-known) professors at this university.
ブロードキィ博士はこの大学で最も有名な教授の１人です。

Q3. The pianist is (famous / notorious / well-known) all over the world.
そのピアニストは世界的に有名です。

違いを知ろう！

● **famous** は、人や物が広く知られていて有名であることを表します。通例、よい意味での「有名な、著名な」を意味し、有名な歌手や俳優などが「広く名前が知られている」「顔が売れている」ことです。Do you remember that famous speech by Reverend King?「キング牧師のあの有名なスピーチ覚えてる？」などと使われます。

● **notorious** は、人や物ごとが「悪い意味で有名な」という意味です。つまり、日本語の「悪名高い」に相当します。この語は、You'd better not introduce your little sister to Steve. He's a notorious lady-killer.「君の妹をスティーブに紹介しないほうがいいぞ。あいつ

は名うてのプレイボーイだからな」などと使われ、肯定的な文脈では使われません。ちなみに、famous に in を付けた **infamous** は「有名でない」という意味ではなく、「不名誉な」「悪名高い」を意味します。つまり、この語は、notorious よりさらに「悪い意味で有名な」を意味します。

●「有名な」には、**well-known** もあります。良い悪いにかかわらず、人や物が「よく知られている」ことを客観的に表す語です。この語は、famous より意味が弱く、超有名ではなく、ある特定分野や一部の人々の間で有名な人や物ごとを指し、知的で洗練されたというニュアンスもあります。It is well-known that Japan exports excellent small cars.「日本は優れた小型車を輸出することで有名である」などと、主に書き言葉で使われますが、物ごとを形容する場合には、話し言葉でも用いられます。ただし、この well-known は、多くの場合、famous や notorious と交換も可能です。

違いを覚えよう！

□ **famous** ➡ よい意味で有名な
□ **notorious** ➡ 悪い意味で有名な；悪名高い
□ **well-known** ➡ 良い悪いにかかわらずよく知られた

有名なの関連表現

▶ She is a distinguished ballet dancer.
▶ 彼女は有名なバレー・ダンサーです。(★ distinguished =「専門的な分野で著名な、優れた」)

▶ Ann is only going to apply for admission with prestigious colleges.
▶ アンは有名大学ばかりに出願しようとしているんだよ。

▶ Hokkaido is renowned for the beauty of its nature.
▶ 北海道は自然の美しさで有名です。(★ renowned =「名高い」)

正解：1. notorious　2. ◎ well-known, ○ famous　3. famous

料金

fee | charge | fare | rate

? Try it out! 文に最も合うのはどれ？

Q1. They billed us with a 15 percent service (fee / charge / fare / rate).
彼らは15パーセントのサービス料を要求した。

Q2. How much was the taxi (fee / charge / fare / rate) to the ABC Hotel?
ABCホテルまでのタクシー代はいくらでしたか？

Q3. What's the going (fee / charge / fare / rate) for tutors for high school students?
高校生相手の家庭教師の相場はいくらですか？

Q4. I pay an annual (fee / charge / fare / rate) for my sports club membership.
私はスポーツクラブの年会費を払っています。

違いを知ろう！

●電車に乗っても、映画館へ入っても、趣味の講習を受けても、何らかの代金や料金、授業料を払わなければなりません。それらはどのように表現し、使い分けるのでしょうか？ fee は、弁護士や医師など専門職の人に払う料金や謝礼金のほか、団体・会への入会金、施設への入場料、あるいは学校への入学金などをも指します。「何かにかかる一定の料金」と覚えるとよいでしょう。この fee は、annual fee「年

会費」、doctor's fee「医師の診療費」、insurance fee「保険料」のように使われます。小学・中学・高校の「授業料」は school fee、大学・私学や個人教授の「授業料」は tuition (fee) と言います。

● **charge** は、(公共などの) サービスに対して支払う料金で、「使用料」「手数料」のことです。通常、ガス代や電話代、ホテル代、駐車料金など目に見えないものに課せられる定額でない (一定でない) 料金を指します。

● **fare** は、航空機、船、電車、タクシー、バスなどの乗り物の「運賃；乗車賃」のことです。ただし、「通行料 (金)」は toll です。また、**rate** は商品やサービスに対して、ある基準を適用された結果としての料金を指します。ある施設の「夜間 (使用) 料金」は night rate で、「割引料金」は discount rate、「特別料金」は special rate です。さらに **price** は「値段」ですが、複数で prices とすると「物価」という意味になります。

違いを覚えよう！

☐ **fee** ➡ (医師などの) 専門職の人への謝金；入場料；入学金；会費
☐ **charge** ➡ 使用料・手数料；(サービスに対する) 料金；(諸) 経費
☐ **fare** ➡ 運賃
☐ **rate** ➡ ある基準を適用された料金

料金・運賃の関連表現

▶ How much does it cost to go [get] to Sapporo?
▶ 札幌までの料金はいくらですか？

▶ The electricity bill for last month was 7,500 yen.
▶ 先月の電気料金は 7,500 円だった。(★ bill =「請求書」)

▶ What is the postage of this parcel? [How much is postage for this parcel?]
▶ この小包の郵便代はいくらですか？(★ postage =「郵便料金」)

正解：1. charge　2. fare　3. rate　4. fee

42 旅行・旅

travel / trip / journey

? Try it out! 文に最も合うのはどれ？

Q1. My brother came back from his (travel / trip / journey) to Hawaii yesterday.
兄は昨日、ハワイ旅行から帰りました。

Q2. Did you have a good time on the train during your (travel / trip / journey) across Siberia?
シベリア横断での列車の旅は楽しかったですか？

Q3. Air (travel / trip / journey) is much more comfortable than it used to be.
飛行機旅行は以前よりぐっと快適になったね。

違いを知ろう！

● 「旅行・旅」にもいろいろな英語があります。travel は、周遊や観光を目的とし、主として長距離の旅行を指します。目的地よりも移動や旅程に重きを置きます。air travel「空の旅」、space travel「宇宙旅行」などと使われます。ちなみに、travel の語源は「苦労して旅する」です。
● trip は、目的や期間の明確な旅行で、短期・短距離の旅行から長期の海外旅行までで、今いる地点からある目的地への移動を意味します。一般の「（商用）出張」は目的がハッキリしていますので、a business trip と言います。an overseas trip 「海外旅行」、a school trip 「修学旅行」などとも使われます。

旅行・旅

●また、**journey** は、長期間・長距離の旅行を意味しますが、米語では文語的に響きます。a journey around the world「世界一周旅行」とか a three-month journey「3 か月の旅行」などと使われます。
●他に **tour** や **sightseeing** という語もありますが、これは見学や視察などを目的にした旅行で、各地を巡り元の場所へ戻る旅行を指します。a package tour「パック旅行」、a group tour「団体旅行」などと使われます。

違いを覚えよう！

□ **travel** ➡ 周遊・観光を目的とした長距離の旅行
□ **trip** ➡ 目的や期間の明確な旅行
□ **journey** ➡ 長期間・長距離の旅

旅行・旅の関連表現

▶ I took a bus tour around the U.S. when I was in college.
▶ 大学生の頃、バスでアメリカ一周旅行をしたよ。(★ tour は「巡業」も指す)

▶ This tour includes a two-day excursion to Las Vegas.
▶ この旅行にはラスベガスへの1泊旅行が含まれています。(★ excursion は、短期間の団体での観光旅行や小旅行、学校の遠足、修学旅行なども指す)

▶ Spare the rod and spoil the child.
▶《諺》(ムチを惜しめば子どもが悪くなる→) 可愛い子には旅をさせよ。

▶ Be my guest! ◀

Be my guest! という表現をご存じですか？ 頼みごとをされて快諾する時の「いいですとも」「どうぞご遠慮なく！」に相当する表現です。"May I borrow your English dictionary?" "Be my guest."「英語の辞書借りていい？」「どうぞ」などと使われます。また、この Be my guest! は建物のドアや入口の前で、1人がもう一方の人に「お先にどうぞ」と譲る時にも使います。

正解：1. trip 2. journey 3. travel

43 練習・訓練

practice | exercise | drill | training

Try it out! 文に最も合うのはどれ？

Q1. Our victory was the result of all our hard (practice / exercise / drill / training).
私たちの勝利はみなの厳しい訓練の結果だった。

Q2. We should go over this (practice / exercise / drill / training) again and again, until we get it right.
うまくできるようになるまで、私たちは何度も繰り返しこの練習を行うべきだ。

Q3. Speaking English well requires a lot of (practice / exercise / drill / training).
英語を上手に話すには多くの練習が必要とされます。

Q4. Next week we will have a fire (practice / exercise / drill / training).
来週、防火訓練があります。

違いを知ろう！

●「練習・訓練」に相当する語には、practice、exercise、drill、training があります。多くの場合、最初の3つの語は入れ替えが可能ですが、それぞれ微妙にニュアンスが異なります。**practice** は、何かを習得しようとして繰り返し行う定期的な練習のことです。たとえば、スポーツの技能、ピアノやバイオリンなどの楽器や外国語の習得

には、日々のたゆまぬ努力（練習や訓練）が必要です。日本語の諺「習うより慣れろ」「継続は力なり」に相当する英語も Practice makes perfect.（練習は完全を作り出す）がありますね。

● **exercise** は、すでに身に付けた基礎力を土台にして、さらに能力を開発するために身体や頭を使う練習のことです。健康を維持するための定期的な運動やウォーキング、ジョッギングも exercise です。Walking is a good exercise for your health.「ウォーキングは健康によい運動です」などと使われます。

● **drill** は、指揮者のもとで、反射的にできるようになるまで行う（厳格な、集団的）訓練や反復練習のことです。この語は主に、集団での防災訓練とか軍の演習などに使われます。a disaster drill は「防災訓練」で、a spelling drill は「綴りの練習」です。

● また、**training** は、一定のプログラムにしたがって、一定期間、スポーツ・楽器などに必要な技術を身につける訓練のことです。You need more training for the abacus licensing examination.「ソロバンの検定試験のためには、もっと練習が必要です」などと使われます。

違いを覚えよう！

☐ **practice** ➡ 繰り返し行う定期的な練習
☐ **exercise** ➡ 能力を開発するために身体や頭を使う訓練（★ practice に比べて、特定の技能を個人的に練習するというニュアンスがある）
☐ **drill** ➡ 指揮者のもとで反射的にできるようになるまで行う反復練習
☐ **training** ➡ 一定のプログラムに従って（運動・楽器など）必要な技術を身につける訓練

練習・訓練の関連表現

▶ His job is to break in those horses.
▶ 彼の任務はこれらの馬を訓練（→調教）することです。（★ break in someone [something] =「（動物・兵士などを）訓練する」）

正解：1. training　2. exercise　3. practice　4. drill

INDEX

A
- ability ... 132
- accept ... 22
- accurate ... 148
- agree with ... 14
- aid ... 68
- allow ... 56
- alter ... 48
- anticipate ... 52
- appliance ... 156
- assist ... 68

B
- ban ... 58
- bathroom ... 154
- be ashamed ... 158
- be embarrassed ... 158
- be over ... 42
- beat ... 24 • 88
- begin ... 74
- believe ... 66
- believe in ... 66
- big ... 114
- borrow ... 46
- break ... 60 • 88
- break out ... 32
- bring ... 86
- broad ... 164

C
- calm ... 136
- capacity ... 132
- career ... 142
- center ... 152
- certain ... 146
- change ... 48
- charge ... 180
- cheap ... 174
- choose ... 26
- claim ... 94
- clever ... 120
- client ... 126
- collect ... 16
- come ... 20
- company ... 118
- convention ... 138
- cook ... 96
- correct ... 148
- create ... 70
- cry out ... 62
- custom ... 138
- customer ... 126

D
- damage ... 60
- dangerous ... 104
- decide ... 54
- definite ... 146
- delicious ... 112
- demand ... 94
- dense ... 130
- desire ... 72
- destroy ... 60
- determine ... 54
- direct ... 18
- dirty ... 122
- drill ... 184
- drop ... 36

E	empty 100		guest 126	
	end 42		guide 18	
	error 106			
	exercise 184	H	habit 138	
	expect 52		handy 172	
			happen 32	
F	faculty 132		happy 110	
	fall 36		have 84	
	false 170		hazardous 104	
	famous 178		hear 50	
	fare 180		heart 152	
	fast 160		help 68	
	fat 166		helpful 172	
	fee 180		high 144	
	fetch 86		hit 24	
	filthy 122		hobby 140	
	finish 42		hold 84	
	firm 118		hope 72	
	fit 14			
	foot 102	I	incorrect 170	
	forbid 58		inexpensive 174	
	free 100		instruct 34	
	funny 116		instrument 156	
			interest 140	
G	gather 16		interesting 116	
	get 28			
	get (to) 20	J	job .... 134 · 142	
	give up 90		journey 182	
	glad 110			
	go 20	L	labor 134	
	go (well) with 14		large .... 114 · 164	
	guess 40		lead 18	

187

	learn ··· 80		produce ··· 70
	leg ··· 102		profession ··· 142
	lend ··· 44		prohibit ··· 58
	light ··· 108		
	listen (to) ··· 50	Q	quick ··· 160
	little ··· 150		quiet ··· 136
	look (at) ··· 82		quit ··· 90 • 92
	low ··· 162 • 174		
		R	raise ··· 16
M	make ··· 70 • 96		rapid ··· 160
	meet ··· 12		rate ··· 180
	mend ··· 64		recall ··· 38
	messy ··· 122		receive ··· 22
	middle ··· 152		remember ··· 38
	mistake ··· 106		rent ··· 44 • 46
			repair ··· 64
N	notorious ··· 178		require ··· 94
			resign ··· 92
O	occur ··· 32		rest room ··· 154
	odd ··· 168		retire ··· 92
	office ··· 118		right ··· 148
	open ··· 74		risky ··· 104
	overweight ··· 166		ruin ··· 60
	own ··· 84		
		S	salary ··· 128
P	pastime ··· 140		save ··· 68
	pay ··· 128		say ··· 76
	permit ··· 56		scream ··· 62
	pick out ··· 26		see ··· 12 • 82
	plump ··· 166		select ··· 26
	possess ··· 84		send ··· 30
	practice ··· 184		severe ··· 124

	shake ... 78		tasty ... 112
	ship ... 30		teach ... 34
	shiver ... 78		tear ... 88
	short ... 162		tell ... 34 · 76
	shout ... 62		thick ... 130
	show ... 18 · 34		thin ... 108 · 176
	silent ... 136		think ... 40
	skinny ... 176		tiny ... 150
	slender ... 176		tool ... 156
	slim ... 176		training ... 184
	small ... 150		travel ... 182
	smart ... 120		tremble ... 78
	speak ... 76		trip ... 182
	start ... 74		trust ... 66
	stern ... 124		
	still ... 136	**U**	use ... 46
	stop ... 90		useful ... 172
	strange ... 168		
	strict ... 124	**V**	vacant ... 100
	strike ... 24		vary ... 48
	strong ... 130		vibrate ... 78
	study ... 80		violate ... 88
	suit ... 14		visitor ... 126
	suppose ... 40		
	sure ... 146	**W**	wages ... 128
			watch ... 82
T	take ... 22 · 28 · 86		weak ... 108
	take place ... 32		weird ... 168
	talent ... 132		well-known ... 178
	talk ... 76		wide ... 164
	tall ... 144		wise ... 120
	task ... 134		wish ... 72

189

work ································ 134
wrong ······························ 170

Y   yell (at) ···························· 62

●著者紹介

牧野 髙吉　MAKINO Taka-Yoshi

北海道比布町に生まれる。明治学院大学卒業後、Southern Illinois University 大学院・修士課程、University of New Mexico 大学院・博士課程修了（いずれも米国）。教育言語学博士 (Ph.D.)。北海道教育大学教授、放送大学客員教授を歴任。英語教育協議会よりエレック (ELEC) 賞を受賞。現在、NPO法人「国際人育成機構」理事。著書は『第2言語習得への招待』（弓プレス）、『フェイバリット英和辞典』（共編・東京書籍）、『英語でこう言う 日本語の慣用表現』（講談社＋α新書）、『第2言語習得のメカニズム』（翻訳・ちくま学芸文庫）、『カラフル・イングリッシュ』（新潮新書）、『英語の論理 日本語の心』（ちくまプリマー新書）、『英語イディオム表現集』（三修社）、『クイズで覚える 英語イディオム520』（東京堂）、など約50点。

カバーデザイン	滝デザイン事務所
本文デザイン＋DTP	飯田修一（wisdom）
英文校正	Miguel E. Corti
CD編集	（財）英語教育協議会（ELEC）
CD制作	高速録音株式会社

J新書⑥

まぎらわしい 要注意英単語

平成21年（2009年）10月10日　初版第1刷発行

著　者	牧野 髙吉
発行人	福田 富与
発行所	有限会社　Jリサーチ出版
	〒166-0002　東京都杉並区高円寺北2-29-14-705
	電話 03(6808) 8801(代)　FAX 03(5364) 5310
	編集部 03(6808) 8806
	http://www.jresearch.co.jp
印刷所	株式会社シナノ パブリッシング プレス

ISBN978-4-901429-97-9　　禁無断転載。なお、乱丁・落丁はお取り替えいたします。
© MAKINO Taka-Yoshi 2009 All rights reserved.

語学を学ぶ楽しさを発見！ Jリサーチ出版の "ゼロからスタート" シリーズ

だれにでも覚えられるゼッタイ基礎ボキャブラリー
ゼロからスタート 英単語 BASIC1400 (CD付)
1冊で実用英語の基本語を全てカバー。例文は日常会話でそのまま使用できるものばかり。CDは見出し語を英語で、意味を日本語で、例文を英語で収録。
成重 寿・妻鳥 千鶴子 共著　A5変型／定価1470円(税込)

だれにでもわかる6つの速読テクニック
ゼロからスタート リーディング (CD付)
学校では教えてくれない速読テクニックを初めての学習者のために親切に解説。
CDは聞くだけでリーディングの学習ができる。
成重 寿 著　A5判／定価1470円(税込)

だれにでも話せる基本フレーズ50とミニ英会話45
ゼロからスタート 英会話 (CD付)
英会話を基礎から学習するために、ファンクション別に50の基本フレーズを、場面別に45のミニ英会話をマスターできる。CDには日本語で講義を、英語で例文を収録。
妻鳥 千鶴子 著　A5判／定価1470円(税込)

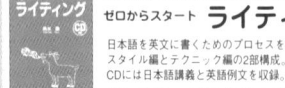

だれにでもわかる英作文の基本テクニック
ゼロからスタート ライティング (CD付)
日本語を英文に書くためのプロセスを親切に解説。スタイル編とテクニック編の2部構成。CDには日本語講義と英語例文を収録。
魚水 憲 著　A5判／定価1470円(税込)

だれにでもわかる鬼コーチの英語講義
ゼロからスタート 英文法 (CD付)
実用英語に必要な英文法をカリスマ講師の講義スタイルでやさしく解説。文法用語にふりがな付き。CDは聞くだけで英文法の総復習ができるように解説と例文を収録。
安河内 哲也 著　A5判／定価1470円(税込)

毎日10分の書き取り練習がリスニング力を驚異的に向上させる
ゼロからスタート ディクテーション (CD付)
リスニング力を向上させるには量より質。自分の理解できる英語を1日10分、集中して書き取る練習がリスニング力を驚異的に飛躍させる。
宮野 智靖 著　A5判／定価1470円(税込)

だれにでもできる英語の耳づくりトレーニング
ゼロからスタート リスニング (CD付)
英語リスニング入門のために書かれた、カリスマ講師によるトレーニングブック。英語が"聞き取れる耳"から"聞き取れる耳"にしてしまう1冊。CDには日本語で講義を、英語で例文・エクササイズを収録。
安河内 哲也 著　A5判／定価1470円(税込)

だれにでもできるとっておきの「英語の耳&口」トレーニング
ゼロからスタート シャドーイング (CD付)
話す力とリスニング力を同時に伸ばす究極のトレーニング。やさしい単語シャドーイングからニュース英語までレベルアップできる構成。日常編、基本構文、会話表現も身につく。
宮野 智靖 著　A5判／定価1470円(税込)

問題集

精選300問で基礎英文法を完全マスター！
ゼロからスタート 英文法問題集
英文法攻略は問題を解くことで、しっかり身についたことを確認することができる。英文の仕組みがひと目でわかる別冊解答解説つき。
安河内 哲也 著　A5判／定価1260円(税込)

旅行英会話

10のフレーズに旅単語をのせるだけでOK
単語でカンタン！ 旅行英会話 (CD付)
旅先で役立つ超カンタンな10フレーズに単語を置き換えれば相手に通じる。
全てのフレーズ・単語にカタカナ・ルビ付。
PRESSWORDS 著　四六判変型／定価1050円(税込)

超入門シリーズ

60の基礎フレーズを覚えればだれでも英語が話せちゃう
すぐに使える 英会話 超入門編 (CD付)
60の基本フレーズをCDによる繰り返し音読練習をすることでスラスラ話せるようになる。発音とリスニング力も上達。大きな文字とイラスト付。70頁なので完全消化できる。
妻鳥 千鶴子 著　B5判／定価630円(税込)

「英語の耳」をつくる7つのとっておきレッスン
リスニングの基礎 超入門編 (CD付)
本書は7つのレッスンで、基本的な英語の音を無理なくマスターできる。リスニング学習の入門として内容・ボリューム・価格とも最適。
妻鳥 千鶴子 著　B5判／定価630円(税込)

英語学習法

英語を絶対マスターしたい人のための学習ガイド
安河内 哲也の 英語学習スタートブック (CD付)
カリスマ講師・安河内哲也先生が書いた英語勉強法。先生自身の言葉によって語りかける目からウロコの英語学習メソッドや豊富なトレーニングメニューを紹介。
安河内 哲也 著　B5判／定価840円(税込)

ビジネス英語

ネイティブにきちんと伝わる
ビジネス英語 会話編 (CD付)
シンプルなのにそのままネイティブに通用するフレーズ108を紹介。自己紹介・電話から会議・出張まで、全27シーンを収録。ポイント解説で、さらに使える応用表現もしっかりマスター。実際のビジネスに役立つコラムも掲載。
松井 こずえ 著　A5判／定価1680円(税込)

英検

合格必勝のための徹底対策書！
英検準2級 学習スタートブック (CD付)
合格のための対策メニューがひと目でわかりやすい。準2級からの傾向と出題パターンを徹底解説。問題パターン別にポイントをおさえた徹底攻略公式60を完全マスター。別冊完全模試1回分と二次試験対策つき。
入江 泉 著　B5判／定価840円(税込)

合格必勝のための学習徹底対策書！
英検2級 学習スタートブック (CD付)
徹底攻略ポイント25では出題の傾向と対策、そして正答のコツを、例題を解きながら具体的に伝授。別冊で完全模擬試験付。2次試験対策も収録した。
入江 泉 著　B5判／定価840円(税込)